Befri dit sind
og
Vær glad

心を解放して　幸せになりましょう
(デンマーク語の和訳)

北欧流
幸せになるための
ウェルビーイング

芳子ビューエル
ウェルビーイングアドバイザー

KIRASIENNE

まえがき

心を解き放ち、幸せになれる
あなただけの「ウェルビーイング」

1998年に、JETRO（日本貿易振興機構）から派遣されたことがきっかけとなって生まれた北欧とのご縁。当時、私が代表取締役社長を務めていた輸入商社において、デンマークの寝具メーカーと取引をスタートし、そのつながりはどんどん深まっていったのです。そして、いつしか「北欧流ワークライフデザイナー」として北欧のライフスタイルの紹介を行うようになりました。

その内容をメディアなどで解説していくなかで、デンマークのライフスタイル「HYGGE ヒュッゲ」をいち早く日本に紹介した『世界一幸せな国、北欧デンマークのシンプルで豊かな暮らし』(2017年・大和書房刊)や、スウェーデンで生まれた休息の文化「fika フィーカ」を紹介した『フィーカ 世界一幸せな北欧の休み方・働き方』(2019年・小社刊)といった書籍を刊行してきました。

デンマーク語で「幸福」や「心地よさ」を表す言葉である「ヒュッゲ」。前者の書籍の中では「大切な家族や親しい友人知人とともにほっこりした時間を過ごす」という解釈で、それがもたらすものの大きさを様々な角度からお届けしました。そして「フィーカ」では、北欧人のメンタリティの鍵を握る休息の文化を通して、「働き方改革」に舵を切った2018年当時の日本人に最も必要な〝休み方のヒント〟をお伝えしました。

「北欧のライフスタイルを通して、日本人の幸せについて考えること」を積極的に発信してきた一方で、それを伝えながらもどかしさを感じていたのも事実です。

日本の社会には様々な規範があり、私が自分の目で見て体験してきた北欧の働き方や休み方、考え方をそのまま取り入れることはとてもハードルが高いからです。そこに思い悩んでいたタイミングで発生した新型コロナウイルスの世界的パンデミック。その渦中において、私は自分自身がこれまで歩んできた道のりと向き合い、心の健康や心理的な満足を届けるため「ホリスティックウェルネス」についての学びを積み重ね、2022年8月から正式に「ウェルビーイングアドバイザー」としての活動を開始しました。

本書は、私がこれまで伝えてきた北欧のライフスタイルから学ぶべきことと、新たに伝えているウェルビーイングの重要性を交差させることで生まれた一冊です。この本のなかでは、私が体験してきたことを通じて、どのようにしてウェルビーイングを日常に取り入れ、持続可能な幸福を実現できるのかを紹介しています。

とりわけ、コロナ禍以降の日本ではウェルビーイングという言葉が幅広い意味合いで使われるようになっていますが、そのぶんどんどん本質からかけ離れて認識されてしまっていると感じることがあります。実際のところ、ウェルビーイングは古くから存在する概念でありながら、まるで近年生まれた新たなホットワードのように扱われているのです。本書は、ウェルビーイングとは一過性のトレンドではなく、私たちの生き方そのものであることを伝えるための入り口となる一冊でもあります。

本来、ウェルビーイングを実現するためには、心と体、そして社会（および人間関係）が健康的なバランスを形成することが欠かせません。そのなかでも北欧の人々は、ウェルビーイングを正しく理解し、それをベースに自分自身の幸福を追求していくためのマインドが日常生活に根付いていると感じます。

私自身、M&Aを成功させた起業家としてビジネスの厳しい現実に直面しながら、ウェルビーイングの重要性を常に意識してきました。多忙な日常の中で、自分を見失わず心の平穏を保つことの大切さは、私の経験からも明らかです。

これからは本格的に人生100年時代に突入していきます。同時に、気候変動による自然災害も今まで以上に増えていくことが予想されるなかで、私たち日本人は幸せを求める姿勢を持ち続けることが何よりも重要になってきます。
自分自身を幸せにする力を、他の誰でもない自分自身で育んでいく。それこそが、より良い未来をつくり、幸せに近づくためのカギとなります。しかし、個人が理想とする幸せはそれぞれが異なるものであるからこそ、この本を通して表面的な理解に留まらず、より深く実践的なウェルビーイングの概念を知っていただきたい。そして、日々の生活において、自分自身の良好な状態をどのように保てるのか、考えるきっかけとなる一冊になればうれしく思います。

読者の皆さまが、ウェルビーイングの本質を理解し、日常生活に活かしていくことで、あなただけのウェルビーイングと幸福のあり方を見つけ、より良い未来をつくるための手助けになることを願います。

目次

第2章 社会とのかかわりから考えるウェルビーイング

第5章 人生を楽しむために必要な「自分ファースト」のマインド

Well-being

Yoshiko Buell's GUIDE

●

芳子ビューエル流
ウェルビーイング ガイド

ウェルビーイングは人の数だけ存在するもの。
自分が喜ぶ自分だけのウェルビーイングを
追い求めることは人生の命題でもあります。
芳子ビューエル流ウェルビーイングから、
何らかのヒントを受け取っていただけたら、
こんなにも嬉しいことはありません。

Office

●

仕事を通じてウェルビーイングを実現

群馬県高崎市に、私が代表を務める二つの会社とショップ、そしてサロンがあります。心の幸せ度を高めるライフスタイルカンパニーである「株式会社アルトスター」。そして食品領域におけるコンサルティングを行う「株式会社アイデン」。会社の 1 階では、北欧流ヒュッゲな暮らしの専門店「Lycka リッカ」と心と体を元気にするウェルビーイングセラピー「Mind suppli マインドサプリ」があります。

2023年4月に事務所を現在の住所に新築移転しました。建物の2階は、株式会社アルトスターと株式会社アイデンのオフィススペース。世界各国の歴史と文化を学び、日本らしさを見つめ直し、ウェルビーイングが高まるような居心地の良いライフスタイルのために事業活動を行っています。

Shop

ウェルビーイングの向上を支えてくれるアイテムたち

Lycka

北欧流「ヒュッゲ」な暮らしの専門店

世界で最も幸せな国・デンマークで、“温かな居心地のよい雰囲気”という意味を持つ「ヒュッゲ」をコンセプトに、日常をより居心地よくするための新しいインテリアショップです。食器・照明・小物・植物・家具…日常生活をより居心地よくするための、様々なアイテムを取り揃えています。「ヒュッゲ」をより日本人に近い形でご紹介していくために、北欧の物に加えて、日本の職人さんの手作りの物も扱っているのが特長です。

SHOP DATA

[住所] 群馬県高崎市筑縄町 62-1
[TEL] 027-388-8798
[営業時間] 10:00 ～ 18:00
[定休日] 日曜日
[URL] shop.alto-star.com

写真右はデンマークのデザインカンパニー「MENU」のイシャスベースと「BORN IN SWEDEN」のスフィアベース。写真左は、日本のフラワーベース、アーティフィシャルフラワーのデザインメーカー「BOBCRAFT」の花器シリーズ。お店では、重枝店長がブランドの説明や商品の内容について詳しく説明してくれます。

2012年にリトアニアのカウナスにて、二人のキャンドルアーティストにより立ち上げられたブランド「FLATYZ（フラッツィ）」。100種類以上の絵柄があるのでプレゼントにも最適です。

ぶどうの発祥の地ジョージア（元グルジア共和国）のワインブランド「GRAN NINO（グランニーノ）」。ジョージアでワインが生まれた時からのクヴェヴリ製法を用い、栽培過程も醸造過程も全て完全無農薬。

埼玉県春日部市の伝統工芸『春日部張子』。その技術で作られた「招き猫本舗 玩古庵」の招き猫は、伝統工芸の枠におさまらない自由奔放な創作活動が特長です。

お部屋を彩ってくれる「in bloom（インブルーム）」のラウンドオーナメントのシリーズ。エアプランツやドライフラワーの置き場所にもぴったり。そのままオーナメントとして飾ってもOK。

Hand-made

仕事のないスリランカの少女たちを救うため、テキスタルデザイナーであるスリランカ系イタリア人のバーバラ・サンソニーによって立ち上げられた「BAREFOOT」の商品たち。すべての作品はスリランカの小さな田舎の人々により手作業で作られています。

Hand-feeling

「旭川家具 匠工芸」のアニマルスツール。思わず抱きしめたくなるフォルムと、毛足が長すぎず、短すぎず、手触りの良さにこだわったフェイクファーがポイント。家具なのにまるでペットを飼っているような、そこに居る（ある）だけで空間が優しくなるスツールです。

Salon

●

心と体を元気にする完全予約制のウェルビーイングサロン「Mind suppli®《マインドサプリ》」

Mind suppli®

オーダーメイドのメニューでクライアントに寄り添う

インテリアショップ「Lycka（リッカ）」との複合店舗という形で、2023 年 6 月にオープンした、心と体をケアするためのウェルビーイングサロン「Mind suppli（マインドサプリ）」。コロナ禍で多くの方からの不安や悩みのご相談を受けるなかで、ウェルビーイング（個人の心の健康や心理的な満足、そして社会的に良好な状態にあること）がとても重要だと考え、心理的なケアを含めた数々の資格を取得。「ウェルビーイングアドバイザー」としての活動をスタートさせ、その基盤となるサロンを開設しました。

SHOP DATA

[住所] 群馬県高崎市筑縄町 62-1
[営業時間] 10:00 ～ 18:00
[定休日] 日曜日
[URL] mindsuppli.com
※完全予約制になります

取得した資格のディプロマたち。壁に飾られたものは、日本とアメリカのヒプノセラピー（催眠療法）のもの。そして天療術講座の修了証。

サロンでも人気のメニューの一つは「リラクゼーション・セラピー」など。米国催眠士協会所属の私が、誘導法を用いて、心や体の芯の部分の緊張感を取り除く段階的神経筋リラクゼーション・セラピーを行います。普段から緊張度の高い人に特におすすめです。

「ドイツ式カイロプラクティック」の治療法の流れを汲んだ Miza Treatment の施術写真。

ドイツ式カイロプラクティックでは関節周りの筋肉を伸ばしてほぐし、無理な刺激を与えません。関節の痛みは骨のずれが原因なので、骨を正しい位置に戻し体を楽な状態に導きます。マインドサプリの Miza Treatment は、皆様のウェルビーングをフィジカル面からサポートする施術法です。

クライアントさん一人一人とのカウンセリングを大切にし、必要だと思われるプログラムをオーダーメイドでプランニングしていくのが当サロンの特徴です。もちろんクライアントさんのご希望で、特定のご希望のメニューに取り組むことも可能です。

マインドサプリのサロン内には水素ルーム「ハイドロオアシス・プレミアム（日本医科大学名誉教授の太田茂男先生監修）」を設置しています。酸素カプセルと異なり、水素ルームは減圧せず服を着たまま自由に出入りでき、気軽な利用が可能。この中でも仕事ができるため、私の会社では「30分間、水素ルームで仕事して良い」という福利厚生を取り入れました。水素ルームに初めて入った時、夕方になるとかなり目が疲れて視力が落ちるのに、壁のカレンダーの数字がくっきりはっきり見えたことに驚きました。

Private

私のウェルビーイングに欠かせないもの

Traveling with friends

旅を通じてウェルビーイングを高める

自分自身のウェルビーイングを高めるために欠かせないものが気の置けない友人たちと出かける「旅」です。2024 年は、イタリア船に乗った 6 泊 7 日の旅や、東京から沖縄・台湾をめぐるショートクルーズなどとりわけ船旅に縁がありました。海の上を漂いながら潮風に吹かれる時間の贅沢さを再確認することができました。

こちらは国内旅行の模様。10代からの親友とでかけたのは、瀬戸内海に浮かぶ、小さな宿「ガンツウ」の旅。広島県尾道市にあるベラビスタマリーナから乗船し、第三島沖から詫間湾を3日間かけてゆっくりと巡りました。日没には、瀬戸内海の島々のシルエットが写真のように美しく浮かび上がります。

Life with my dog

～愛犬と暮らす生活～

愛犬は私の生活に欠かせないパートナーです。ラブラドールのエイスは本編でも紹介しているように、私がウェルビーイングアドバイザーとして活動をはじめるきっかけをくれた存在です。彼がいなければ、もしかしたらこの本が作られることがなかったかもしれないと思うと、人生の縁を感じてしまいます。

Well-being
ウェルビーイング

“well”は「良い」そして
“being”は「状態」という意味。

「良い状態にあること」ということは、
「幸せ」や「健康」「満ち足りた状態」
ということになります。
今日より明日がもっと輝く自分に近づいて、
より心地よく生きていくために、
ウェルビーイングについて知ってください。

Chapter 1

Well-being

仕事や働きかたから考えるウェルビーイング

ある出来事が引き起こした自分にとっての大きな決断

世界に目を向けたうえで「ウェルビーイング」というものについて真剣に考えてみると、おのずと「ウェルビーイングを高めるためには他力本願では駄目」ということが見えるようになってきます。

たとえば、しばしば日本人は「他責思考」の傾向が強いということが指摘されています。他責思考とは、「誰かがしてくれる、会社がしてくれる、社会がしてくれる」という具合に、自分以外の他人や環境に責任や原因があるとする考え方のこと。ウェルビーイングを高めていこうと思ったら、まずはその思考の隘路から脱却しないといけないのです。「自分という船の舵取りは、他ならぬ自分自身がやらないといけない」という意識を持ち、それにもとづいてウェルビーイングを高めていけば、「誰でも幸せになれる」ということなのです。

それに関連して、私が皆さんにウェルビーイングについてお伝えしていきたいと思うようになったきっかけを最初に紹介したいと思います。

2019年のことでしたが、31Pにも登場している愛犬のエイスの散歩中に骨折してしまうという事件が起きました。写真の通り、エイスはラブラドールの大型犬で体重も38kg。そんな巨躯のエイスが急に走り出してリードが引っ張られ、転倒してしまったのです。結果的に3ヶ月に渡る車椅子生活を余儀なくされました。

それは私にとって一つの区切りになりました。

2012年、私は自分が1989年に立ち上げた会社「APEX」をM&Aで売却しました。北欧のモダンインテリア・寝具等を取り扱う会社でしたが、諸事情によりM&Aに踏み切りました（そのあたりの詳細は、書籍『経営者のゴール～M&Aで会社を売却すること、その後の人生のこと～』（あさ出版）に書いてあります）。

M&Aをしたといっても、引き続き私は同社の社長を務め、仕事をしてきました。業績も含めて仕事はとても順調と言えるくらいでしたが、そこから3年が経過した頃でしょうか、「ここはもう私の会社じゃないんだ」という想いが少しずつ心のなかで芽生えはじめたのです。

私が採用に携わったスタッフもみんな素敵な人たちばかりだから、一緒に仕事をしていてもとても楽しい。苦難も試練も多々ありましたが、皆でそれを乗り越えた結果、業績も利益も伸びると、M&Aをした親会社にも喜んでもらえる。そんな想いを原動力としてやってきたのですが、それと同時に「どこかのタイミングで私は辞めないといけない」という強い意思もあったのです。足を折ってしまったというアクシデントは、「そろそろ自分が本当にやりたいことに注力をしなさい」というサインであり、私にとっては背中を押してくれるものになりました。

そして２０２０年に入ってコロナ禍が到来します。必然的に考える時間はそれまでよりも大幅に増え、結果的に様々なことを見直す機会を得ることができました。そうして、私は会社をやめて新たな出発をする決断を下すことができたのです。２０２０年10月26日をもって私は取締役社長を退任しました。

正直言って、真剣に自分自身と向き合うということは、とてもしんどいことです。本能的に人間はできればそれを避けたいと思っていますし、自分に嘘をついているほうが楽な場合も多々あることでしょう。それでも、ウェルビーイングについて考えるということは、自分自身と向き合うことからはじめないといけないのです。誰かに幸せにしてもらうのではなく、自分で「私は幸せになる」と決意することからはじめ、それを正解へと導いていく。ウェルビーイングとは、そのささやかだけれど偉大なる決意から形成されていくものなのです。

ウェルビーイングの詳しい概念や、なぜ今必要とされているかという理由は第7章にまとめてあります。ウェルビーイングとは、非常に簡単にいうと、「身体的・精神的・社会的に良好な状態にあること」で、それは当然ながら1人ひとりによって異なるものです。それを高めていけば、その人にとって幸せな状態になるわけですから、まずは「私は幸せになるんだ」と決意することからはじめていただきたいと思います。

「幸せは与えられるものだ」という旧来的価値観からの脱却

「私は幸せになる」と自分で決めることからはじめよう、と書きました。いまの日本では、〝誰かに幸せにしてもらいたい〟といった考えの人が実際に幸せになることは、ほんの一握りではないでしょうか。先ほどの日本人の他責思考もそうですが、今の世の中、探そうと思えば「○○のせい」にできる理由は至るところにあります。そして、それは時代とともにどんどん増えていくことでしょう。

同時に時代の変化は、それまで隠蔽され葬り去られてきたものを公の場所に引きずり出しもしました。旧ジャニーズ事務所問題、宝塚問題、自民党の裏金問題、ダイハツ不正問題などなど、政治・経済からエンターテイメントまで、あらゆる領域で社会問題として大きくなっています。こうなると、変化の渦に飲み込まれてしまうことは避けて通ることはできません。ただ、それでも「社会でどんなことが起こっても自分は幸せになるんだ」と決めることが大切です。まずは決めること。それを書き出しても口に出してもいい。自分がそうなると決めさえすれば、さながら自分の周りにシールドや結界のようなものが張られ、社会や環境の影響を受けようとも、しなやかに跳ねのけていける自分になることができます。

繰り返しますが、〝幸せというものは与えられるものだ〟という時代はもう終わりを迎えました。日本という国はそういった社会通念が長らく蔓延してきましたが、これからは違います。「病気になったら病院に行けばお医者さんが治してくれる」なんてことも過去のものとなり、この先は病気の治療法について患者も勉強して自分の考えを持つことが大事になってきます。日本の経済状況も悪化の一途を辿り、円安は進行し、物価の上昇もとどまるところを知りません。その結末を招いた政府への非難は当然必要ですが、それだけに注力するのでは何の解決にもなりません。これらの解決策は、「自分で幸せになっていくこと」が最適解なのです。自分の力ではどうにもならないことに注力しすぎると、それに引っ張られてしまい、精神状態も悪化していきます。しかし、「自分は大丈夫なんだ」という考えを培っていくと、たとえどういう環境下になっても精神状態は安定しているのです。そして、**それはやがてはP208で紹介しているウェルビーイングの要素のうち「4　フィジカルウエルビーング（身体的・精神的なポジティブさ）」を強化していくことにもつながっていきます。**

ただ、自分で幸せになる方法は、学校の授業では教えてはくれません。昔の時代なら、頑張って勉強していい大学に入って、名前の通ったいい会社に入れば、あとは絵に描いたような幸せが待っている、そんなレールに乗れると教えていたかもしれません。しかし、今の時代はそんなことを生徒に伝える教師なんて存在しないでしょう。そして、「タイパ（タイムパフォーマンス）」を重視する若者が多い現代ですが、簡単に自分で幸せになる方法を実現できるハウツーも存在していません。私は私、他の誰かとは違うのですから。自分で幸せになることにショートカットなんてないのです。

自分の働きかたも
ウェルビーイングを追及する

今の時代は働き方においてもウェルビーイングを追求することが当たり前となっています。

これまで、会社という組織は「様々な人物の集合体」という側面がありました。上に行きたいという人はがむしゃらに仕事に打ち込み出世コースに乗ろうとしました。一方で、そこまで頑張らなくても生活の糧を得られたらそれでいいという人もいました。上場した企業に顕著ですが、そういった企業は人がどんどん入れ替わっても回っていくようにできています。一方、中小企業の場合はそもそも大企業のような体力を持ち合わせていないし、従業員人数が少ないことから、仕事面において困難は度々社員に降りかかってきます。

この先待ち受ける日本社会では、どんどん早期退職者の募集がはじまることでしょう。終身雇用制度という言葉は過去のものと成り果て、名のある大企業であっても例外はなく、それは誰もが避けては通れない道かもしれません。そんな想像したくはないような事態が訪れても生き残っていくためには、「自分にとって売りとなるポイント」をすぐに伝えられるような働き方・生き方をしていく必要があるのです。つまり、「私という人間の売りはこれです！」とわかりやすく伝えられるようにするということです。

それは「総務部で働いています」「経理担当です」という属性の話ではなく、「私はこういうことが得意です」「これならば人には負けません」というものがすぐに言えるようにならないとこれからの日本で仕事をしていくのは厳しくなるでしょう。「お給料をもらうために仕事をしています」という姿勢は言わずもがなです。

これを読んでくださっているあなたは、あなた自身の売りをすぐに言葉にできますか？

その問いに対して、「私の売りは○○です」とはっきりと断言できるような強さを持って、それができるならば、むしろチャンスが到来する社会になっていくはずです。具体的には、自分の売りを持つ人たちが集まって仕事ができる社会です。デザイナーならこの人、マーチャンダイズならこの人、ライティングならこの人、プレゼンならこの人、接客ならこの人という具合に、各々が何かのスペシャリストとして合流して仕事をする「ワーカーズ・コレクティブ」のようなものが各地で次々に生まれていきます。それはひいては「Engagement（没頭する）」「1　キャリアウェルビーング／**Career Well-being」という項目の充実へとつながっていきます。**

だからこそ、「あなたの売りは何ですか？」という問いにすぐに答えられる意識づけを普段の仕事を通して行っていってほしいのです。それを意識した上で仕事に臨むという考えが、大きな答えを導き出してくれるでしょう。その意識のなかには、他責思考も誰かを当てにするような考え方も入り込む余地はありません。

仮に「うちの会社は何を言っても無駄だ」と諦めモードになっている人がいるとしましょう。それでも、「私は○○が誰よりもできます！」ということが明確になっていれば、その人の自己肯定感も高いままでいられるでしょうし、諦めモードから脱却するきっかけにもなるはずです。問題点から逃げてしまうのではなく、「まずは自分」なんだと意識づけることがすべての第一歩なのです。諦めモードに入っていれば、言い訳のような言葉や批判対象になるものはたくさんあるとは思いますが、基軸となるものは自分のなかにあると認識してください。それがなければ、どうしたってブレてしまいますから。

自分自身を褒めてあげることも ウェルビーイング向上の一つ

日本人が不得意なことに「自分自身を褒めること」があります。もちろん、人を褒めることも得意ではありませんが、それ以上に自分を褒めてあげていない人が圧倒的多数を占めているのではないでしょうか。

欧米人はとにかく人を褒めそやしてくれます。全く大したことないものでも「So

nice!」と言ってくれたり。褒めるという行為はとても重要ですが、まずは自分自身のことを褒めてあげないといけません。

たとえば、幼い頃は学校のテストで良い点をとって親に報告したら、「がんばったね」という言葉とともに頭を撫でてもらえました。でも、大人になったら誰が褒めてくれるというのでしょう？　自覚しなくても「褒められたい」という想いは誰もが抱えている願望の一つとしてあるはずです。だからこそ、言葉として自分のことを褒めてあげることが重要になります。

現時点では、日本ではウェルビーイングという言葉はリラックスやマインドフルネスに関連して使用されることが多いですが、自分だけの強みを持ち、自己肯定感を高めることがウェルビーイングの向上につながっていくということを知ってもらいたいですね。あまりにも「ウェルネス」の部分が先走ってしまっていて、「ビーイング」の部分が欠落している現状があります。

今も昔も、私は会社を「自己実現の場」として位置づけています。だからこそ、スタッフのみんなには「やりたいことがあるなら、事業計画書を提出して。できそうならどんどん責任をもってやってもらうから」と伝え、実施してきました。会社に所属するのであれば、会社は1日のうち最も長い時間を過ごす場所です。ただ生活のためのお金をもらって帰るだけ、自分が関与することなく会社の業績が上がるだけでは意味がありません。生き甲斐となるものが得られないのであれば、その会社を辞めたほうがいいとすら思います。

具体的に一例を挙げると、前の会社で一緒に働いていた男性がこんなことを言いました。

「やりがいを持って働きたいので、芳子さんともう一度仕事がしたいんです。今までの仕事は続けるけれど、僕は営業の仕事もやってみたいんです」という内容です。

そんな彼は今、元カリスマホストの城咲仁さんがプロデュースした、彼のご実家の町中華「丸鶴」の名物料理の冷凍チャーハンをWEBで販売しています。私からは「食品なのでくれぐれもアクシデントのないように注意してね」ということだけ伝えて、あとは彼の裁量に委ねています。「キャンペーンでレンゲをつけよう」とか「渋谷でイベントをして試食してもらおう」という企画を自ら立案し、楽しそうにチャレンジしているのが誰の目にも明らかなくらい。そんな風に、スタッフが心からやりたいことや楽しいと思えることが1つや2つあった方がいいのです。

スタッフから「やりたいことがある」と言われたら、まずはやらせてみる。チャレンジのハードルは高いけれど、本人にしてみたら達成感も大きいわけですし、それが数字にもなって表れたら「自分がこの売り上げを立てたんだ」という実感も得られます。

何かをやり遂げるという気持ちは重要ですし、大人になったら子供の頃のように無条件で褒めてくれる人もいなくなるわけで、そのぶん何かをやり遂げた達成感を持つことができた人は、まさにウェルビーイングとしての幸福を手に入れられたのだと思います。

メンタルヘルスケアとウェルビーイングの関係

特筆すべき日本人の性質として、「周りの目や他人の意見に振り回され過ぎる」ということがあります。他の国の人に比べてもその傾向が強いというのは、誰しもが思うところではないでしょうか。

「これをしたら周りからこんな風に思われるんじゃないか」「あの人は私がやっていることに対して良く思っていないんじゃないか」という具合に、周囲の評価を過剰なまでに気にし過ぎていて、それにすごく翻弄されてしまっているという人に心当たりがある人もいるかもしれません。あるいは、あなた自身も思い当たる節があるかもしれません。噂や他者からの評価に対してあまりにも敏感になればなるほど、メンタルヘルスに問題が生じてしまいますので、この点においてもウェルビーイングを高めていくことが大切です。

何をするにしても人の目や言葉が気になって仕方がない。かくいう私もそのことに長らく悩まされていた時期がありました。相手は銀行だとか、お付き合いのある会社の社長だとか、そういった方々です。それまでの私の対処法は、「とにかく我慢して耐え抜くこと」だったのですが、あるときこんな風に考えるようにしたら、その悩みから抜け出すことができたのです。

「自分のやり方や考え方を批判する人がいたとしても、その人が私を食べさせてくれるわけではないし、所詮噂話なんて気がつけば消えているのだから、別にどうでもいいじゃない」

このように切り替えると、〝言いたいことはどんどん言ってください〟というモードになり、ある種の有名税だと思うと何も気にならなくなりました。

私たちが思っている以上に、他人は好きなことを言います。妬み嫉みやっかみという悪意の場合もあれば、悪意ではないこともあります。それに翻弄されてしまうのは、ただただ消耗して疲れてしまいますよね。言ってくる人が私の会社から商品を仕入れてくれるのなら、多少は気にした方がいいのかもしれませんが、ビジネスの関係もない人の言うことは何も気にならなくなりました。自分のメンタルを守るためには、ある程度割り切ることが必要となります。

それ以外にも、メンタルヘルスの危機に直結するのが、私たちのなかにいつの間にかインストールされた「設定」です。まずお伝えしたいことは、「みなさん設定が多すぎる」ということ。私たちは、生まれたときから今日に至るまで自分のなかにたくさんの設定が入っていて、その設定どおりにアクションを起こすようにプログラミングされています。

そして、その設定というものは、自分が気づかないうちに入れてしまっているもので、入っていることにすら気づいていない人が大半を占めています。

私がお伝えしたことに対して、「でもそれは○○ですよね？」という返事があったとします。そこで私が「それって誰が言ったんですか？」と訊ねてみると、「雑誌に書いてありました」「テレビで観ました」という答えが返ってくるのです。これが設定です。テレビでやっていた、新聞に書いてあった、あるいは親に言われたなどなど、知ったきっかけはさまざま。でも、それらを設定として入れたのはその人自身なのです。

自分の中に勝手にインストールした〝こういうことをしたらみんなから後ろ指をさ

される〟という固定概念があまりにも多すぎるので、それをどんどん抜いていくことがウェルビーイングの向上につながっていきますし、設定を抜いてあげると一気に楽になっていきます。

インストールされた設定を取り外していくことが重要

たくさん設定が入っていると、それがいつの間にかその人自身のプログラムを形成してしまっています。考え方も設定に基づいた思考パターンに陥ることが多いのです。「誰に言われてそう思ったんだっけ？」と思い返すことも少なくありません。もちろん、なかには自分にとって良い設定もあるのですが、それ以上に無意味な設定が入っているということを理解しておいてください。

たとえば、「今日はこれをしよう」と思ったときに「だけどな」とか「でもなあ」といった思考が出てくる場合は、何らかの設定が入っています。打ち消す言葉が出てくる前に、「結果はわからないけど、とにかくやってみよう」という具合にプラスの方向へもっていく。結果はどうあれ、前を向いてアクションを起こしたことで、その設定は取り外されます。

設定の数は人それぞれではありますが、それが自縄自縛になってしまう。自分で気がついたら取り去っていきましょう。設定をできるだけ抜いてあげると、気持ちも楽になって自由になります。自分自身が変わっていくことを実感すると思います。アンインストールはすぐにできますが、設定が入っていると気づかないといけないので、私はそこを促すようにしています。

たとえば、スタッフから「こういうことやりたいけど無理ですよね?」と言われた時には、必ず「それは誰が言ったの？」と返すようにしています。みんなそれを聞くとハッとしたような表情を浮かべますね。そういうときはすかさず「何を基準に無理と言っているの？　私は無理だなんて一言も言ってないよ。やってみればいいじゃない」と背中を押してあげるようにしています。

どの会社であっても、「こんなこと言ったって無駄ですよね」と諦めてしまっている方は多いと思います。壁を勝手に作ってしまい、難しそうだと思い込む。でもそれは難しそうに見えるだけで、トライしてみないと結果はわかりませんよね。自分で決めて行動を起こさないことで、自分自身の可能性の芽を摘んでしまっていることが多いのです。

本来、皆さんの可能性は青天井です。そんな風に伝えると「そんなのあるわけない」と頑なに否定される方がいますが、自分自身の可能性も設定を入れることでどんどん失われてしまいます。そうすると、自分のいる世界が、小ぎれいで小さくまとまった箱庭のようなものになってしまうという結果を迎えます。日本人が大の得意とする、出る杭として打たれないように、目だたず、小ぎれいに過不足なく相応にまとめるというものです。きっと皆さんもなんとなく想像がつくと思います。

もちろん、それで幸せなら構いません。ただ、やりたいことがあるのに諦めたり我慢したりして、自分のバランスを崩してしまうことが一番よくないことです。「ウェルビーイングはバランス」という言い方もできるくらい、心と身体の両方が健康でないと意味がなく、そうしないと本当の幸せはやってこないのです。

不確定な将来への不安は厳禁
今に対して誠実に向き合っていく

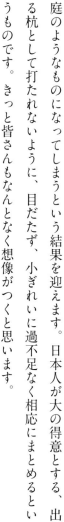

もう少しだけ日本人の性質について考えてみます。あなたは「心配性」ではありませんか？　そうでなくとも、「起こってもいないことに対して先回りして心配する」という方に心当たりがある方は多いと思います。

日本人は、家庭内であれ学校であれ、〝あらかじめ準備してから何かをやる〟ということを教わって成長します。欧米諸国と比べても、順序立ててやることは得意ジャンルであると言えるでしょう。その反面、起こってもいないことについて考え込むだとか、予期せぬ事態が起こったときには戸惑い、取り乱してしまうということが多いのではないでしょうか。そうして、それが積み重なっていくと心配症な性格を形成してしまいます。心配症とは裏を返せば、不安をなくすために努力や準備を怠らないと言い換えることもできるかもしれません。それでも、前段階で心配することがあまりにも多すぎて過敏になっている人が増えています。

「肝臓が悪い。血液の流れも悪い」と言っている方がいたのですが、実際に病院で検査をして結果が出たわけではなく、単なる思い込みだったのです。自分のどこかが具合が悪いと決め込んでしまうと、体はその状態に向かって変わっていくものなので、そういった思い込みという名の設定をやめましょうとお伝えしたいですね。

まずは、今の自分が幸せかどうかについて考えてみてください。幸せな状態にいることが重要で、その状態を毎日積み重ねていきましょう。それなのに、「癌家系だし、年齢的にそろそろ癌になるかもしれない」「後期高齢者になったら老人ホームに入るべきか」など、今その瞬間のことを考えないで、先のことばかり考えて憂鬱になるのは意味がありません。

私たちは時間軸で物事を捉えています。過去があって現在があってそして未来がある。ただ、未来は今の積み重ねの先にあるものですので、なおのこと今に注力しないといけないのです。

将来的に分岐点があり、AとBのどちらの方向に行くのかは今の過ごし方で決まってくるのです。だからこそ、今が幸せでなければ、将来的に幸せになれる可能性は低くなるのは当然。現在の日本に暮らし、将来が不安なのは理解できます。ただ、今が幸せな状態なら将来も幸せになれるという風に、考え方を変えていかないといけないのです。

答えがすぐに出ないことに対して悩み、考え続けていると何も先に進んでいきません。何かを思いついたとして、それを単なる思いつきとして処理してしまうのか、何らかの兆候《サイン》だと捉えるのか。私自身、仕事をやっていくなかで思いついたことはたくさんあって、それで収益を上げたものも多々あります。「思い付き」を「閃き」へと変えるために、ビジネスの世界でもクリエイティブの世界でも多くの人がアンテナを伸ばしてキャッチできるようにしているわけで、私自身も何かを思いついたときは、なるべくアクションを起こすようにしています。そうすると、結果的にやってよかったと心から感じることが多いですね。

そういうことも、面倒くさいからやらないという人が多いですが、心がけて実践している身からすれば、「一つずつやっていくと思わぬ良いことがありますよ」ということをお伝えしたいです。

人間には送受信機が備わっています。具体的には脳のなかの「松果体」が発電所。日々どこかから送られてくる信号を、脳幹の情報伝達中枢である「橋《きょう》」を通して受け取っているわけです。その受信に対して自覚的になることができたら、思いつきは兆候《サイン》であると捉えることができたら、あとは実際に行動に起こしたらいいのです。

音楽をやっている人がしばしば語る言葉として「メロディが降りてきた」というものがあります。でも、いったいどこから降りてきたのでしょうか？　メロディのもとになる音程は、周波数を変化させることで生み出されるもので、同時期に似たようなメロディの楽曲が発表されるのも、それぞれ作曲をした人が同じような周波数を受け取ったことが原因なのだと私は考えています。

多くの人が思いつきをそのままにしてしまっています。それくらい軽視してもいいものだと思っているのかもしれませんが、それは結果的にチャンスを逃していることになります。実際にやり続けてて今思うことは、「思い込みを捨て、思いつきを拾う」ということがどれだけ大事であるかということ。とりわけそれが結果としてあらわれたときには、強く感じます。

実感って本当に大事です。どんな小さなことであっても、実感が積み重なっていけば、それはやがて確信へと至ります。本来であれば流れていってしまう思いつきを拾いあげて育て、結果として実を結ぶことは、0が1へとなるくらいに大きな大きな一歩です。ときにはあなた自身の人生をも変えてしまうことになるかもしれないということを知っておいてください。

マイナスの事態は必ず起こる
早く終わらせてメンタルを安定させる

人生においては当然ながらマイナスとなる事態が起こるものです。そんなときは、人間誰しも逃げたいし、正視したくないし、対応したくないですよね。頭のなかでは「早く処理してしまった方があとあと楽だ」と思っているものの、時間稼ぎをしているうちに放っておくと事はどんどん悪い方へと転がっていきます。

自分にとって嫌なことは、放置すればするほどもっと嫌なこととして自分の身に降りかかります。だからこそ、私はそんな事態が起きた際には、できるだけ早く対応していくことをモットーにしています。

自分の会社のスタッフたちがそういった事態に直面したときに、上手く取り成すのも代表である私の役目の一つです。だから、スタッフから悪い報告がある場合はすぐにしてもらうようにしています。こういうのは引き延ばしたぶんだけダメージを受けてしまうものなので、早く済ませるにこしたことはありません。先送りは利子を増やすだけ。負の利子なんて誰も欲しくはないですよね。

とはいえ、メールでの謝罪は誤解を生じさせることも多々あるため、なるべく電話で行うことを推奨していますし（若い世代ほどこれが不得意になっているのは間違いありませんが）、さらに重大事案となった場合はすぐに一緒に先方のところに出向きます。経験上、顔を見ながら誠心誠意謝罪をした方が、結果的に好転することも多いのです。

マイナスの事態は可能な限り早く終わらせてしまう——それこそが、メンタルにおけるウェルビーイングを健全に保つための方法の一つなのです。

とはいえ、頭で理解できたとして、それをすぐに実践できるようになるかと言えば、そうではありません。そういった事態は往々にして予期せぬタイミングで起こるものですから、一つの機会から学びながら少しずつ慣れていくしかありません。

それに、これを身につけるためには「リフレーミング」を必要とします。「リフレーミング」とは、物事の枠組みを変えて違う視点から見ることを意味する心理学用語のことですが、それくらい日常生活の中で自分のなかでしみ込んでしまった習慣を変えることはたやすいことではないのです。それでも、繰り返しやっていけば、少しずつ変化していくことを実感できるようになります。

マイナスの事態に関連してお伝えすると、今の日本で生きるということは、悩もうと思えば悩みに困らないくらいたくさんありますよね。皆さんも考えただけで憂鬱になってしまう問題はきっと大なり小なり持ってらっしゃるはずです。

でも、こういう風に捉えることもできます。色々な悩みというのは、まるで風船のようにフワフワと宙に浮かんでいるようなものだと。それを一つにまとめてしまうと、途端に暗雲が立ち込め、人生の終わりのように感じてしまうものかもしれませんが、一つひとつ個別に分けていくと、決して暗雲ではないことがわかります。

「悩みが多くて憂鬱になる」という方の相談に乗って、一つずつ内容を聞いていくと、それぞれに対応方法を見つけられることが多いです。だからこそ、相談が終わる頃には、「これでもう悩みがなくなったね」と笑い合って解散するというわけです。

たとえば、憂鬱なことに対して手をつけないまま先送りしてしまうと、それがずっと頭の端に残ってしまいます。実は、先送りしたものは、本当はそうでもないのに「対応できないもの」のように見えてしまうのです。

だからこそ、先送りするのはやめて、心して一つずつ仕分けをしてみましょう。「いったい何が私をこんな気持ちにさせるのだろう」ということを、言葉として具現化していくプロセスこそが大事になってきます。

たとえば、来月の諸々の支払い、義理のお母さんとの関係、職場の上司のことなどなど。それぞれの対応策に一つずつ向き合って考えていくと、意外とたいしたことではなかったと気づくことができるはずです。悩みは恐れず放置せず、適切に対処して、一つずつクリアしていくこと。そのためには気づく力を養っていきましょう。

Column 1

人はみな、その人が発する周波数に共鳴する

皆さんも毎日ウキウキした気持ちでいたいですよね？ 一緒にいたいと思うような人や一緒にいて楽しい人は、きっと自分自身が毎日ウキウキしているのだと思います。そして、私たちはその人が出している周波数というものに共鳴するのです。だからこそ、「あの人といると幸せな気分になれる」という人物のところには人が集まるし、「一緒にいると憂鬱になる」という人物のところには人が集まらないし、できることなら一緒にいたくないと思ってしまうのは、その人が発する周波数の問題なのです。

量子力学を学んだときに知ったことですが、私たちの体も意識も全部素粒子でできています。そのなかでも意識は「フォトン」という素粒子でできています。喜びや高い意識の時には高い振動数のフォトンを、ネガティブな感情の時には低い振動数のフォトンを発振します。私たちの身体は素粒子でできていて周波数と共鳴するからこそ、何に共鳴するかは非常に大事な問題です。

“幸せオーラ”という言葉もあるように、幸せそうな感じや楽しそうな感じ、そういう周波数で常に自分がいたいと思うことがウェルビーイングにつながっていくのだと思います。逆に言えば、「今日は気分が乗らない、なんだかモヤモヤする……」という日は誰にだって必ずありますが、実は周波数でととのえることができます。
今の時代は便利なもので、様々な周波数を発するアプリを無料でダウンロードすることができます。特別なヘルツを聞きたい場合はそういったアプリを使って、その日の気分の周波数を流してみましょう。周波数に自分を共鳴させることは、何かに偏ることなく自分自身を中庸にするための大切なプロセスになるのです。

Chapter 2

Well-being

社会とのかかわりから考えるウェルビーイング

私がいつでも幸せである理由　ポジティブでいられる魔法の言葉

仕事をするようになって社会に出ていけば、誰にでも良いことも悪いことも起こります。そんなときに効果的なのが「自己暗示」という方法です。「暗示」と聞くと、なんだか怪しげだとか自分には遠いものだと思われるかもしれません。実は私も最初はそんなに効果があるものだとは思っていませんでした。

２０１９年に骨折して３ヶ月の車椅子生活をおくっていた時に、予想外に時間ができました。そこで本格的に学び、資格を取得したいと思ったのが、前々から興味があった「催眠療法」でした。

前世退行療法や、脳科学に基づいて心的外傷などを癒すソマティックヒーリング、普段口にしている言葉をポジティブなものに変えていくことで心の状態を良くする暗示療法、スポーツ催眠などなど。そのなかで私がもっとも効果的だと思うのが「暗示療法」です。

19世紀後半のフランス人の心理学者・薬剤師であり、暗示療法の祖であるエミール・クーエ博士は、自己暗示による独自の精神療法を開発し、世界中に広がっていきました。クーエ博士の療法（通称クーエ・メソッド）は、患者が自分で治せる精神療法で、シンプルで習慣にしやすいのが特徴です。

あるとき、その暗示療法の学びのなかで「芳子さんはどういう風になりたいんですか？」と問いかけられました。私はなんて答えればいいのかわからず、思わず口をついて出た言葉が「幸せになりたいです！」だったのです。そうすると先生から、「それではその内容で暗示の言葉をつくってみましょう」と言われました。

実は暗示の言葉を作るのはとても難しいのです。120％ポジティブなものでなければ暗示の言葉として成立しません。たとえば、人の目が気になって何もできないという人がいるとします。その場合、「人の目はもう気にならない」というフレーズをつくったとしても、それが100%ポジティブなものかと言われたらそうではないですよね。そんなとき、「私は大丈夫。何をするにも気持ちよく行動できる」という具合に置き換えが必要になります。

そこで先生に私のための暗示の言葉を作っていただき、その言葉を毎日口にして実践していったのですが、やりはじめてから3週間後のことが今でも鮮明な記憶として残っています。

その日は目が覚めたらどしゃぶりの雨でした。普通なら、「すごい雨……。会社にいきたくないなぁ」と真っ先に思うものですが、朝からなぜだか気分がウキウキしていました。そして朝のルーティンにしている、神棚で手を合わせようとしたとき、「あれ？ 今日は誰か来るんだっけ？」と思ったのです。感情としては、好きな人に会うとかデートに行く前だとかと似たような気持ちでした。でも、手帳でその日のスケジュールを調べてみたら誰とのアポも入っていません（笑）。〝誰も来ない、しかも外は雨、それなのに一体なんなのこの気持ち？〟と思ったときに、ウキウキして楽しい気持ち、何かを待っているような気持ちだったこともあり、ひょっとして最初は効果がないと思っていた暗示の言葉のせいなのかなと思い至ったのです。私のなかでは、その日から今に至るまでそんな状態がずっと続いているんです。

「こうありたい」と願う自分になるそのためには特別なことは必要ない

先ほども書いたとおり、暗示療法はエミール・クーエ博士がつくったメソッドが基本となっています。彼が薬剤師として仕事をしていた１８００年代後半という時代は、現代のように医師の数が多いわけではありませんので、病気になったら薬を飲むというのが中心。そんななかでクーエ博士はある事態に直面します。

「同じ症状の患者に、同じ量の薬を処方しているのに、回復する人もいれば、一向に良くならない人もいて、亡くなってしまう人もいる。この違いは何が引き起こしているのだろう?」

その差は暗示が生み出していることにクーエ博士は気づくのです。クーエ博士は、自分が薬を出す際には必ず「これを飲めば良くなりますよ」と一声かけていたのですが、それに対して言われた人がどれだけその言葉を自分のものにしているかの違いではないかと推察します。

そこで博士は、薬を渡すときにその人に対して特別な暗示の言葉も一緒に処方するようにしたのです。「この言葉を毎日繰り返し、少なくとも3週間は行ってください」と伝えました。そうすると、実際に快方に向かった人の数が増え、その評判を受けてクーエ・メソッドが注目され、世界に広がっていくきっかけとなりました。

一方で、映画の例を出すと60年代から80年代にかけて人気シリーズとなった『ピンクパンサー』という作品があります。このなかで、ピーター・セラーズ演じるクルソー警部と折り合いの悪かった同僚警部が精神的にやられてしまい、メンタルクリニックで治療を受けるシーンが出てきます。そこで警部は、「I'm getting better and better every day（毎日あらゆる面で私はますますよくなっている）」と何度も自分自身に言い聞かせ、正常な状態をキープしようとしているのです。これはまさにクーエ博士が、薬を出すときに提唱していた言葉「私はあらゆる面でどんどん良くなる」と同じなのです。クーエ博士はこの言葉を毎日繰り返し言わせることを行いましたが、それを体系化して応用的にしたのが暗示療法なのです。

本を読むときもそうですが、単に目で文字を追っていってもなかなか頭には入ってきませんよね。理解するためには熟読が必要で、その場合、文字を読んだものは必ず音声化されて認識され、そして脳の記憶の中枢である海馬で保存され、そこで整理整頓された後に大脳皮質に移動して保存されます。私たちは日々それをくり返していま す。このように、人間が記憶を構築する過程においては、脳の中で全ての情報を音声化して理解すると言われています。

記憶をつくる、または書き変えるということを具体的に実践しているのが暗示療法です。3週間〜4週間に渡って暗示の言葉を繰り返すことで、自分自身の脳の中にその言葉を記憶させ、何か自分自身にとってよくないことがあるたびに自分を楽にしてくれる肯定的な記憶を引き出せるようになります。それがやがては新しい習慣になるのです。

私は今でも当初作ってもらった暗示の言葉を続けています。年月としては4年以上になりますね。朝、会社に出勤する前に必ず唱えるようにしています。おもしろいことに、今までだったら会社で嫌な事態が起これば、気持ちはぐんと下がってしまって、リカバーするまでに何日もかかっていました。それが今では、オートマティックのドライブモードに入ったような感じで、当然「嫌だなあ」と思いますが、気がつけばすぐに元に戻っているのです。常に前向きで幸せな気持ちでいることができています。

暗示療法を学んだことで、初めて「こうありたい自分になれる」ということが夢物語などではなく実現可能なことなのだと実感を抱くことができました。これまでも、「幸せだといいよね」とか「幸せになりたいね」と思ってはいましたが、だからといって具体的に幸せを掴むために何かアクションを起こしたことはありませんでした。暗示療法に関しては、学んでいくなかで先生から言われるがままやってみたら、結果的にこうなったのですが。暗示療法とまではいかなくても、暗示の言葉を毎日口に出して繰り返すことは、皆さんにもおすすめできる簡単なものです。

お金がなくても楽しめること
何もしない楽しみを感じること

私はM&Aに関する書籍も出版していますが、会社設立時は今の若手起業家の皆さんのように高い志やヴィジョンはまったくありませんでした。むしろその真逆であり、人から言われるがまま会社を設立した経緯があります。むしろ、「会社の経営がこんなにも大変であると事前に知らされていたら、間違いなく起業しなかった」というくらいに苦労してきました。

苦労の一番はやはりお金の問題ですね。それまでの貯金や自由になるすべてのお金を会社に入れてしまったので、「貧困」と呼んでもさしつかえない時代がのべにして10年近くありました。〝やめたくてもやめられない〟とはこういうことを言うんだなと。会社経営をやめるということは、仕事を請けないようにしながら経費を払っていくという業務が続くわけですが、本当に厳しくてお金を払えないということが何度もあって、そうすると社員の何名かが「芳子さん、今月は給料いりません」と言いだしてくれたこともあったくらいです（もちろんそこはしっかり払ってきました）。それを言ってくれたうちの一人とは今も一緒に働いていますが、二人でよく言い合うんです。「あの頃は本当にお金がなかったよね」って。

もちろん、プライベートも犠牲になります。家族と何かをするにしてもお金がないと何もできません。子供たちの夏休みや冬休みなどをどう過ごすかも問題で、お金がないなかでもできることを探しながらたくさん工夫して子供たちと過ごしました。

今になって子供たちと昔話をしたときによく言われるのは、「お母さんは、はちゃめちゃなことをいっぱいしていたから面白かった」ということ。たとえば娘からは「雪が降ったときに私が熱を出して残念がっていたら、お母さんが外に行って洗面器に雪をどっさりもってきてくれたことがうれしかった」と言われましたし、他にも「(お金がなくても)できることを探す」という思いで創意工夫をしながら色々なことを子供たちと一緒にやって楽しんでいました。その渦中は必死だったので、何年も経ってから言われて思い出すことが多かったのですが。

他にも、「いいこと探し」をしようという提案もよくやっていました。朝からちょっといいことがあったらそれを積極的に言葉にしていこうという内容です。「○○ちゃんがお迎えの時に飴をくれた」とか「先生からよくできましたと言われた」から、「帰りに雨が降り出したときに傘を持っていた」というものまで。本当に些細なことで構わないので、いいことを探して発表してもらいました。

当時借りていた家にグランドピアノが置いてあったのですが、カーテンを外して飾りつけてまるでお城のようにしてあげると、子供たちはピアノの下にもぐりこんで基地にして遊んだりも。

逆に子供たちを叱るときも、たとえばおもちゃの取り合いで大騒ぎをしていたら、子供たちの頭の上でマシュマロの袋を開けて、バサっと落としたりしました。すると、いっぺんで子供たちの注意はおもちゃの取り合いからマシュマロに。

夏休みなどの長期休暇でもお金を使わない遊びはよくやりましたね。特によくやっていたのがキャンプ。とはいえ、キャンプ場に行くとお金がかかるので、家の庭にテントを組み立ててそこで寝るというだけなんです。また当時は三菱のデリカという車に乗っていたので、後部座席を倒して寝袋を並べてあげると子供たちはとても喜んでいました。キャンプ場に行かなくてもキャンプ気分を味わえるし、非日常を演出することができます。

いいこと探しとかお金をかけないでできることというのは、やっぱり「何かしてもらう」ということではなく「自分から率先して何かを探し出す、発見する」というのが大切になってきます。それは北欧に行ったときにレゴランドへ行って感じたことでもあります。

日本だとディズニーランドに行けば、そこに入園しただけで楽しいじゃないですか。すべてのエンターテイメントがあって、見ていたり乗っていればいい。それだけで楽しむことができます。それが、レゴランドに行ったとき、最初は「こんなのなんでお金を払ってわざわざ見に来るの？」と思ったのです。でも、色々なことを理解してきたときに、「そうじゃないんだ。ディズニーランドのように楽しませてもらうのではなく、自分で楽しさを見つけて楽しむんだ」ということに気づいたのです。

北欧の人たちは「何もしないでも楽しいと感じる」ことに長けていますが、日本人の場合は休みがあれば、「あれもこれも予定をつめこまないと楽しくない」という人が多い。その国民性の違いは大きいかもしれません。前者は精神的な豊かさであり、後者は物質面の豊かさ、と表現することも可能だと思いますが、その両方の喜びを知っているとより人生が楽しくなると思いました。

確かに、「自然のなかで何もしない」というのは贅沢なんですよね。だけど日本人は黙って座り続けることが苦痛という人が多く、何かをしないといけないと思いがちです。

でも、デンマークに行って森の中でベリーピッキングをするととても面白いんです。〝こんなベリーがあるんだ！〟という発見もありますし、様々な種類のベリーを採取したあとに、それでジャムをつくってみたり。

余暇の楽しみ方の優劣をつけたいわけではありませんが、間違いなく言えることは、こと「自然との触れ合い」に関して言えば、現代の日本人にとって著しく欠けているものだと思います。北欧の人たちは自然の中にいることの幸せを満喫することが体にとってもいいと思っていますし、精神面も落ち着かせることができます。自然から得られるエネルギーを体全体で感じること。たとえば、鳥のさえずりであったり、風が吹いて木々がゆらいだときの音だったり、それがもたらすものの大きさは、私が「音がない世界」に行ったときに気づいたことです。

「音がない世界」で体験したこと
デンマーク人が求める幸せとは

デンマーク人の友人に何度かチュノー島に連れて行ってもらったことがあります。とても小さな島ですが、税率の高いデンマークでは、この島に別荘を持てる人、または退職後に移住できる人は本当に限られた富裕層です。とはいえ、島内では車に乗ることができません。島での利用が許されているのは、トラクターとバイクのみ。

私がチュノー島での滞在中に体験した「音がない世界」。

日本にいるとなかなかそういう場所に身を置くことは難しいですが、飛行機のジェット音も聞こえてこなければ、前述の通り自動車そのものがないからエンジン音もない。そして、島内の人口も少ないから生活音もしませんし、動物の鳴き声も聞こえてこない。「音がないとはこういうことなんだ!」と身をもって体験しました。

そのときに唯一聞こえてきたのが、風が鼓膜を震わせる音だけでした。「こういう体験は日本ではできない」と思った瞬間です。チュノー島の人たちは、春になれば外に椅子を並べて座って、炭酸水を飲みながら日がな一日太陽の光を浴びて過ごしていました。「こんな贅沢はないでしょう?」と言われたとき、最初は言葉に詰まりました。

私はその贅沢の度合いが最初はわかりませんでした。「一日何をするの？」と思ったりもしたし落ち着かなかったけれど、だんだんわかってくるようになります。「こういう過ごし方ってあるんだなあ」と思えたら、ほんのちょっとの風の動きなどに気が付くようになっていきます。心身が音がない世界に適応しはじめていくのです。

デンマークではこんな経験もありました。商談後、ホテルに向かう途中に、ビジネスパートナーから「いい天気だから一緒にピクニックしようよ？」と言われたことがありました。まだ日が沈むには時間があったタイミングで、海のところにデリカッテッサンがあり、そこで食べ物やビールを買って、二人で土手に座って太陽が沈んでいくのを見ながらのピクニックになりました。

これも、相手がイギリス人だったら色々と食器やシルバーウェアを準備して持参すると思いますが、デンマーク人はそういうことは気にしません。ハムやソーセージやフィッシュケーキを袋から出して広げたので、「フォークがないけどどうやって食べるの？」と聞いたら「手があるでしょ」って。確かに手だけで充分食べられるものばかりでしたが、気取らないで食べることの美味しさというものも実感しました。

「ホテルまで運転していたらサンセットを見逃すから」と言われ、ピクニック場所が土手になったのもデンマーク人らしいですね。彼らの〝一番いい時を楽しもう〟というマインドはすごく素敵だと思いました。その方はデンマーク人の気質についても教えてくれたのですが、「日本人とは全然違うんだな、でもこれこそがデンマーク人なんだな」と思える経験をさせてもらいました。

気取らないこと、見栄を張らないこと。ウェルビーイングに関して言えばそこを目指していくことが重要になってきます。気取ったり見栄を張ってしまうと、自分の意識が〝他人が自分をどんな風に見るか〟というところにシフトしてしまうものなので、そうではなく自分にフォーカスすることが大切なのです。

日本人の多くの人に共通していることなのですが、「あなたにとっての幸せは何ですか?」と訊いたときにかえってくる答えは、しばしば大きな望みや想像であることが多いのです。なかなか容易には実現不可能なものであり、それが大きいからこそ、いつまでたっても自分は幸せでないと思ってしまう。

やっぱり、「幸せとは小さなことの積み重ね」と思うことからはじめないといけません。いきなり宝くじが当たって6億円が手に入ることもなければ、突然白馬に乗った王子様が迎えにきてくれるわけもないのです。そういったことを幸せと感じているとしたならば、一生涯不幸せだと思います。だからこそ「自分サイズの幸せ」ってなんだろうということを考えることが大切です。とはいえ、あまりに小さくまとめてしまうと幸せ度が低いので、等身大以上で多少は大きめに考えた幸せのサイズ感を見つけるようにしましょう。

ここで大切になるのが「ストレッチ」です。これはビジネス用語のことで、従来の改善では達成できない高い目標を設定し、その実現に挑むことを意味します。個人や組織の成長を促進するために、背伸びをしないと届かない目標をあえて設定することがストレッチですが、個人が幸せを追及する際にも、同様のことをやらないといけないと思います。

２００％くらいの力を発揮して、でもこれ以上やったら壊れるということならばそれははっきり無謀と言ってもいいでしょう。大事なのは無謀とストレッチの見極めをちゃんとすること。だから、自分にとってのちょうどいい幸せを見極めるためにも、少しずつ大きくしていくストレッチの観点を持つことが必要になってくるのです。

そうしないと、ある程度のところまでいくと満足できなくなってしまうのです。少しずつ大きくしていく。現状維持である１００％だと駄目で、常に１２０％くらいを目指していくといいと思います。あまりにぬるいと努力をしなくなりますし、１２０％以上は最初から求めすぎのきらいがあり、やはりちょっと厳しめくらいを目標設定することをお勧めします。

私のイキイキの原動力
それは好奇心にあり

年齢を重ねていくと、そもそも新しいものに対して目を向ける機会も減ってくるものですが、それができたところで実際にアクションを起こすまではさらにハードルが高いものです。ただ、新しいことにチャレンジしたり、非日常的なことをやってみることは、脳の活性化につながるので、やはり興味のあるものに目を向けて好奇心を持ち続けることはとても重要になってきます。私にとってはそれもまたウェルビーイングに欠かせないものなのです。

好奇心がなくなってくると脳が老化してくるので、そうなると毎日がすごく早く過ぎていってしまいます。脳は使わないと処理スピードがどんどん落ちていくので、1日があっという間に過ぎるのです。子供の頃を思い出してもらいたいのですが、たとえばブランコで遊んでいても「このタイミングで飛び降りたら大丈夫かな」など、命に関わることを脳はたびたび考え活性化していきます。つまり脳の処理スピードがすごく早いので1日が長く感じるのです。

好奇心を持つということは、私たちにとってすごく重要なことですね。脳を活性化させるということにおいてもそうだし、すべての意味でイキイキとしていられるということになるので。

つまりそれは、新しいことに対していかに触れられるかということになるわけですが、どんなことであっても「面白いな」と思ったら知ろうとする努力が必要です。新しい分野のことを積極的に取り入れていかないと、自分自身が今もっているリソース

（知識・技術・能力・情報・財源など）だけでこの先を生きることを余儀なくされてしまうわけですから。

友人と過ごしているときにショックなのは、「芳子ちゃん私はパソコン駄目なの」と言われてしまうこと。そう言って諦めてしまうと、そこから先には何にもないですよね。今の私たちの年齢で「パソコン駄目なの」と言ってしまうと、ますますＡＩが普及していくこれから先の時代をどうやって生きるの？と思ってしまいます。わからないなりにも努力をする必要は絶対にあって、そうでなければ「つかえない人間」という烙印を押されてしまうことになりかねないわけです。

あるいは、「若い人に聞かないとわからない」とか。わからないながらも質問しながらやってみるという姿勢が必要で、最初から諦めてしまうと置いてけぼりになってしまって、進歩する文明についていけなくなってしまいます。加齢をすると「めんどくさい」であったり「煩わしい」という言葉を口にしたり思い浮かべたりすることが増えるものです。どうしても視力が落ちてしまって、長い時間文字を読むのがしんどくなることがそのきっかけとしてあるかもしれません。あるいは体の不調によって日常生活が満足に過ごせなくなり、それどころではなくなってしまう、など。

「生老病死」は人間が生きていくうえで避けては通れないものですが、それを引き受けながら、どうやって好奇心に対してモチベーションを保っていけばよいのでしょう。

私の場合は会社で様々なジャンルの商品を取り扱っていますし、「マインドサプリ」というサロンもはじめたこともあって、新しいものを紹介された際には自分の体でそれを試してみることを心がけています。試してみないことには何も言えないわけです。それをいざ販売するにしても、自分の心が込められた言葉でおすすめできないと意味がありませんから。多くの人はみんなその前で止まってしまうのだと思います。やらない理由はたくさん出てきますが、〝そんな風に決めないでまずはトライしてみよう〟とお伝えしたいですね。

よく言われるタイプ別分類に、「ボディタイプ」「ソウルタイプ」「マインドタイプ」というものがあります。ボディタイプは体感を求める人で、ソウルタイプは感情面を大切に捉えている人で、マインドタイプは表や資料といった具体的なデータを必要とする人という具合にわけられます。

たとえば車を買うときにはそれぞれの資質がよく出ます。ボディタイプは体感をさせてもらいたいからとにかく試運転をして購入の判断をするし、ソウルタイプは、対応してくれたセールスマンが自分にとってどれだけ良かったかに気持ちがいきます。そしてマインドタイプの人は「仕様書を見せてください。燃費はどれくらいですか？コスパはどうですか？」という質問攻めをするのです。

こういったこともありますが、やっぱり何でも試さないことにはわからないと思います。まずは味見をしてみるつもりで新しいことをはじめてみると、自分が想像もしなかった面白いものに出会えることがたくさんあるかもしれません。

他にも「知らないことを恥じないこと」が重要です。知らなかったとしても、聞けばいいんですから。「教えてください」「詳しく説明してください」とさらっと言えるかどうか。そこは好奇心を枯渇させないためにも重要なことになってくると思います。

Chapter 3

Well-being

良好な人間関係を築くための
ウェルビーイング

北欧の人たちが人間関係で大事にしていること
それは同じ時間を共に過ごすということ

ウェルビーイングにおいて人間関係は非常に重要視されていますが、良好な人間関係を維持するためには、意識的に努力をし続ける必要があると思います。この努力は、年齢を重ねてから急にできることではなく、日常生活のなかで少しずつ培っていくものなのです。

北欧の人たちは日本人とはまた違った人との付き合いの仕方があります。彼ら彼女らの〝心の配りかた〟には目を見張るものがあります。たとえばデンマーク人は、心地よい時間・心地よい過ごし方・心地よい空間を意味する「ヒュッゲ」の精神が根底にあるので、友達が寒い冬、遠路自宅に来てくれるというときには、たとえインスタントコーヒーしかなかったとしても、コーヒーカップを事前に温めておくという心配りをしています。

私たち日本人が考える「思いやり」というものとは少し違うかもしれませんが、人に対しての小さな心配りにはそれに触れるたびに深い感動を覚えます。そのときは気が付かないけれど後から振り返れば、「あっ！」と思うような小さな心配りを感じた経験が幾度となくあって、こうしたデンマークの文化に学び、自分たちの人間関係にも活かしていくことが大切だと感じています。

日本人はどちらかと言えば北欧の国々の人に似ています。控えめで恥ずかしがり屋だし、一緒にいてもベタベタするような関係ではないし、アメリカ人のように大きな感情表現はしません。ただ日本人はどちらかというと「人からどう思われるか」について心配してしまう傾向があり、たとえば贈り物にラッピングをしても、「この包装が変に思われないだろうか」「値段が高く見えないだろうか」など、色々なことに対して気を遣ってしまう傾向があります。

一方で、北欧の人たちは誰に対しても小さな心配りを欠かさず、自然なかたちで人と接します。他人の評価をあまり気にせず、「自分らしい接し方」というものを大切にしているように感じます。趣味を通じて共に過ごすことや、読書会のようなサークルで意見交換をするなど、一緒に過ごす時間をとても重視しているのです。

文化的な活動以外にも、自然のなかでの過ごし方も多種多様。北欧の定番であるベリーピッキングは、みんなで籠を持って集まって他愛もないおしゃべりをしながらビルベリーやラズベリーを摘みますし、りんごを収穫し、りんごジュースを作るときには、ご近所の人たちや友人たちが集まって手伝い合います。この共同作業は、コミュニケーションのうえでもとても充実しています。北欧の人々の人間関係のあり方には、日本人が学ぶべきところが多いように思います。共に時間を過ごすことの心地よさや、その関係性を大切にする姿勢は、非常に価値があると考えています。

人と人との関係性は、楽しい時間や悲しい時間をともにする、おいしいものを一緒につくって食べる時間を共有するなど、その人が感じていることを共通体験としてわかちあうことがすごく重要になります。ある一定の感情を共有できたとき、人との関係性は深まっていく。そこには出会ってからの日数などは関係ないのです。その部分が日本は割とハードルが高く、とりわけ社会人になってからそういった関係性を築くことができていない人が意外と多いのではないでしょうか。その点に関しては、すごく北欧の人に学ぶところがあると感じます。

同世代だけでつながり続けると いつかは人間関係が狭くなる

新しいことをはじめることのメリットとして、「新しい仲間ができる」という点があります。それについての良し悪しはもちろんあるし、自分には合わないということもあるかもしれませんが、これが意外に楽しいものなのです。新しいことをはじめて、10人や20人がいるなかに自分が入ったときに「こんな人たちがいたんだ」と思ってみたり、新しい発見を多くできます。

なによりも、いまは社会に出ると新しい友達をつくるのが難しい時代です。だからこそ、仕事とは関係のない、しがらみのない人と意見交換ができたり、新しいことにチャレンジできたりすることは自分にとって確かな糧になると思います。

以前から尊敬しているY氏は元上場企業の代表で、多くの斬新な施策で成功を収めた人です。Y氏には多くの著名な知人がおり、そのプライベートもとても華やかなものでした。

そんなY氏がFacebookに投稿していた内容で驚いたことがあります。「問題なのは仲が良かった友達がどんどん病気で亡くなっていくことなんです。そうなるとどうしても交友関係が狭くなってしまいます」と書いてありました。Y氏はよく皆で集まって食事会や飲み会をされていたので、今まで楽しかった時間を共有する相手がいなくなるという寂しさに直面し、正直な想いを吐露されたのだと思います。

実はY氏が直面した悩みは、私の祖母や母からもよく聞かされてきたことでした。生老病死を抱えて人間は生きる以上、近い世代の友達とのみ関係性を維持し続ければ、このような結果になるのは当たり前なのです。

だからこそ、人間は年を重ねても色々な世代の人と友達関係になれるようなコミュニケーションをとってくことがとても重要になるのです。私は昔からそれが上手な方だと自負していて、かなり幅広い世代の友達がいます。少なからず自分より若い友達が増えれば、「友達が減ってしまう」ということはないわけですから。下の世代の友達ができる原動力となるのは好奇心であることは間違いありません。

その場合は、男女問わずに人間関係を構築し、そして循環させていく。そうしていかない限り自分が住んでいる世界が狭くなってしまいます。私は常にそれが頭のなかにありました。

やっぱり、ウェルビーイングに溢れた豊かな人生というものは「人間関係」が不可欠なので、人間関係の輪を小さくしない努力はすごく必要になるのです。でも、それは年齢を重ねてから急にできることではなく、普段の生き方の積み重ねになるということは知っていただきたいですね。

新しい友人を作りたいと思っても、好奇心が持てないという人がいた場合はどうすればいいのか。その場合、まずは「何に興味がありますか?」と相手に聞いてみて、そこから食べ物や音楽、映画などに話を広げてみてください。すると、何か興味が合うジャンルが出てくると思うので、そこの部分で「こういうのはお好きですか?」など共通する話題を見つけていくのがおすすめです。お互いに興味のある「鉱脈」を掘り当てたら、そこからどんどん掘り下げて広げていくと、気づいたら関係性は近くなっているはずです。

カナダで暮らした経験で培った自分なりのありがとうの伝えかた

カナダに住んでいた頃のこと、長年の友人が日本から遊びに来てくれて、一緒に買い物に出かけました。私が訪れる全てのお店で店員の方々ととても親しげに会話をしている様子を見て、友人は「芳子ちゃんすごいね、みんなと友達なの？」と尋ねてきたのです。実際には、友達と呼べるほどの関係性だったわけではありません。お互い、顔馴染み程度の存在です。それでも友人の目にそのように映ったのだとしたら、カナダで暮らすうちに自然と身についた習慣によるものでしょう。

たとえば、店に入ると“Hi, How are you?”と自然に話しかけることが、カナダでは普通のことでした。そこからコミュニケーションがはじまっていきます。日本では、このようなフレンドリーな挨拶はしないと思いますが、カナダで培った経験は今でも私のなかに深く根づいています。

自分から積極的に声をかけていく以外にも、どんな場所でも「近所のおばさん」と話す感覚で接するようにしています。「いらっしゃいませ」と言われたら、「こんにちは」とまず返す。私がこのように返事をすると、店員さんも〝接客マニュアル〟から外れて自然と会話に応じてくれることが多いのです。

それ以外にも、「ありがとう」という言葉が普通に出てくるのは、習慣や文化の違いかもしれません。カナダでの経験が、日本での買い物や日常生活にも影響を与えていると思います。

そんなエピソードを一つお話ししましょう。私の家では賑やかな年末年始を過ごします。子供たちがパートナーや孫を連れてくるため、冷蔵庫の補充に追われる日々が続きます。買い物をしてお料理を作っても、夜になるころには食べ尽くされてしまい、冷蔵庫が空になってしまうのです。そのため、ホスト役の私は毎年とても疲れ切っていました。

この状況を解決するためにはどうしたらよいのか……。子供たちにも相談してみんなで出した結論は、「年末年始をホテルで過ごす」ことでした。結果的に6年ほど都内のホテルで過ごしたのですが、やっぱり年末年始はホテルのスタッフも非常に忙しく、各部屋にお茶菓子を届けたり、年越しの準備をしたりするなど、たくさんの業務があることを知ったのです。

ある年の年末、スタッフの女性が私の部屋にみかんを届けてくれました。そのスタッフの表情は、明らかに疲れや不満が浮かんでおり、靴の底が擦り切れていることが目に留まったのです。その姿を見て、彼女にちょっとほっこりした気持ちになってもらいたいなと思いました。

私はいつもお年玉袋を持ち歩いているので、1000円を三つ折りにしてその中に入れ、「はい、これお年玉です」と言って手渡しました。そんなことを想定もしていなかった彼女は、「え、私にですか？」と漏らしながら、心から驚いたような表情を浮かべました。

「少ししか入ってないけど、私たちのために頑張ってくださってありがとうという想いのお年玉なので受け取ってください」と伝えたのですが、彼女に対して私からの感謝の気持ちを形にしたかったのです。少しでも喜んでもらえたらうれしいと思いましたし、年末年始を非日常の場所で楽しむ私たちがいる一方で、ホテルのスタッフは繁忙期のさなかで忙しく働いていることを再認識しました。

そして、最近こんなことがありました。お正月に宿泊していたホテルでランチをしたときのことです。席に座っていると、若い女性のスタッフが「ビューエルさまでいらっしゃいますか？」と声をかけてきました。「以前、お正月にお年玉をいただいた者です」と告白してくれて。私は、「あぁ、あの時の！　でもよく私のことを憶えてくださってましたね」と言うと、彼女は「お年玉をいただいたとき、とても嬉しくてずっと憶えていました。今日もご予約のリストにビューエルさまのお名前を見つけて、もしかしてあの時のお客さまかもと思ってお声がけしました」と伝えてくれたのです。その言葉を聞くことができて、元気そうな彼女の笑顔を見ることができて、私は自分の行為が相手に喜んでもらえたことを実感できましたし、私自身も温かい気持ちになれました。

1000円という金額に対して「少なすぎる」とか「時代錯誤」と言われるかもしれないですし、「今どきの若い人は1000円なんかもらっても嬉しくもない」と思う方もいるかもしれませんが、そういう声は関係ありません。本当に私の心からの気持ちだから。でも、私自身はそういうちょっとした気持ちは人間関係を形成していくなかですごく重要なことだと考えています。

人間関係の第一歩は相手への興味
私なりの若い世代との付き合いかた

私は若い世代に対して、昔の価値観を持ち出して何かを言わないことを心がけています。「今の若い人は〜」とか「昔は〇〇だったのに」という言葉は、年を重ねるとついつい出てきてしまうものですし、気持ちはわからなくもありませんが、私のこのポリシーは、自分がかつて経験したことが根底にあります。

私は19歳のときにカナダに渡りました。そこで出会った先住の日系の方からカナダの生活について教わることがあったのですが、その際に「あなたは若いからわからないと思うけど」といった枕詞がつくことが多く、最後の方には腹が立ってしまいました。若い私にはわからないという決めつけがどうしても気になったのです。「それなら話さないで」とも思いました。

また、昔の苦労話を聞くこともありました。たとえば、昔はカナダのスーパーでは取り扱っていなかったため、醤油や味噌を自分で仕込むことが当たり前だったとか。他にも、食事は畑仕事を終えた男性が先に食べて、女の人はみんなキッチンで食べなきゃいけなかったとか。私が「味噌は買うものだと思っていました」と言うと、「やっぱり今の若い人はダメね」と言われたこともありました。その経験のおかげで、年齢による偏見や壁をつくることがどれだけ問題なのか身をもって実感することができましたし、「私は歳を取ってもこの言葉だけは絶対に言わない！」と心に誓ったのです。

年齢に関して垣根をつくってしまうことは、コミュニケーションの成立を阻むだけでなく、相互理解を深める機会も奪ってしまうものです。人は誰もが同じように年を重ねていきます。そのため、年齢を理由にして何かを否定することは無意味だと思っています。私自身、年齢に関わらず誰とでも心を開いて話をし、理解し合えるように努めています。年齢や経験にもとづく偏見は、対話を難しくするでしょう。だからこそ、心の壁をつくらない関係性を築くことを心がけているのです。

でも、それがいかに難しいことなのかも同時に理解しています。たとえば、この前久しぶりにクラス会に参加したのですが、そこで交わされていた会話の中心が「息子のお嫁さんに対する文句」「孫の育て方の方針に対する批判」で、本当に苦痛で苦痛で仕方ありませんでした。

私たちも若いころは様々な悩みを抱き、数え切れないくらいの失敗を重ねて今へと至っています。それなのに、同じような年齢層の人たちが集まって他人（特に下の世代）を批判ばかりしているのは、自分自身の過去を棚に上げているだけでなく、全くもって建設的ではありません。批判をしても何も変わりませんし、むしろ距離を生むだけです。それならば、自分がしてあげられることのアクションを起こした方が、批判するよりもよっぽど良い効果を生んでくれます。

これはほんの一例ですが、しばしば私たちが生きる世界を狭いと感じることがあります。とくに、自分から世界を広げようとしない限り、その狭さから抜け出すのは難しいものです。世界が狭いと感じるのは、自分自身が新しい経験や視点を積極的に取り入れていないからなのです。

仕事もプライベートも楽しくなる「誘われ方」まずは自分から働きかけることが大切

人間関係に関する悩みの相談に乗っていると、「○○してくれない」といった言葉を多く聞きます。声をかけてくれない、誘ってくれない、こうしてくれない、といった不満の声が中心です。このような言葉が出るとき、私たちは一度立ち止まり、自分が何をしているのかを振り返って考えるようにすべきなのです。その際に重要なことは「自分は何かアクションを起こしたのか?」という観点をもつこと。

人間関係は、一方的な期待だけで構築できるものではありません。自分から積極的に働きかけることが必要です。それをすることなく、何かをしてもらうことだけを期待していては、良好な人間関係は望むべくもありません。それに、相手が気づかない場合もあるため、待っているだけでは問題は解決しないのです。

「○○してくれない」もある種の被害者意識を生じさせる感情ですが、それを抱くことはときに無駄なエネルギーを使います。関係性のなかでいじめや明らかな不公平な扱いがあるケースは別ですが、日常的なやり取りでは、まず自分からの働きかけを心がけるように意識するべきだと思います。

年齢を重ねると、こうした問題への対処が難しくなることもありますが、「断られても大丈夫」という心構えをもつことが大切です。たとえば、「どこかにいくのに誘ってくれない」という場合は、「私も一緒に行ってもいいかな?」と尋ねる勇気をもちましょう。断られることや拒否されることはどうしても怖いと感じるものですが、いつまでもそれに捉われていては自分からの働きかけができなくなり、結果として孤立感を深めてしまうばかりです。でも、断られたっていいじゃないですか。それはその場の状況に過ぎないことも多いのです。相手が気づいていないだけかもしれませんし、不安や恐れのあまり過剰に反応しているだけかもしれませんから。だからとりあえずこっちからボールを投げてみる。それで拒否されたら「やっぱりね」ぐらいの心持ちでいいんです。

私たちが相手に対して抱いている感情や期待が、相手の態度に対する見方を変えることもあります。たとえば、「人は自分を映す鏡」というように、「あの人は私のことを嫌っている」と思い込むと、相手の態度がそのように見えることがあります。ただ実際のところは、相手の気分がそのときたまたま悪かっただけかもしれず、別の理由で機嫌が悪いだけかもしれないのです。たとえば、朝起きたときに夫婦喧嘩をしたことが原因かもしれないので、自意識過剰にならず、相手の真意を過剰に解釈しないことが重要です。

人間関係を円滑にするためには、自分から積極的に働きかけ、相手の反応を恐れずに行動することが大切です。自分の態度が、他者との関係性に大きな影響を与えると理解し、前向きなアプローチを心がけましょう。

Column 2

誰かがいろいろな縁を呼んでくれる

私は2〜3ヶ月に一度、年齢も職業もさまざまな友人たちと飲み会を開いています。とある大学病院で内視鏡治療の権威であるO先生や、彼の友人で最近東証プライムに上場した保険会社の支社長であるTさん、そして前述の理学療養士のYさんが参加し、最近は気功で知り合ったイオンの店員のSさんという女性も加わりました。

この飲み会を開催すると、たとえ小さな出来事でもお互いに認め合い、尊重し合うことがどれほど重要なのかを実感しています。驚くくらいにバックグラウンドが異なるので、色々な話をみんなの口から聞けるのが面白いんです。こうした交流を通して、自分の視野を広げることができると感じていますし、お互いに学び合い多くのことを吸収できると感じています。

豊かな人間関係を築く秘訣は、誰も他人をけなしたりしない仲間をつくることにあります。私の周りには、そのような人間関係が自然に形成されていると思います。

友人から、白血球のうちリンパ球が癌化してしまう「悪性リンパ腫」を患っていると電話で告げられたとき、少し逡巡したものの私はすぐにO先生に連絡を取りました。O先生は私のメールに即座に返信をくれて、彼女に1時間ほどの電話カウンセリングをしてくださいました。O先生は教授ですので、本来であれば簡単に会うことが叶わない方ですが、特別な対応をしてくださいました。O先生のような方が1時間も話をしてくださると、パニックのような状態に陥っていた友人も不思議と落ち着いていました。

これらの経験を通じて、社会貢献の重要性を再認識しました。人とのつながりを深める努力や困難な状況に直面した際に、支え合うことがいかに重要であるかを実感しています。

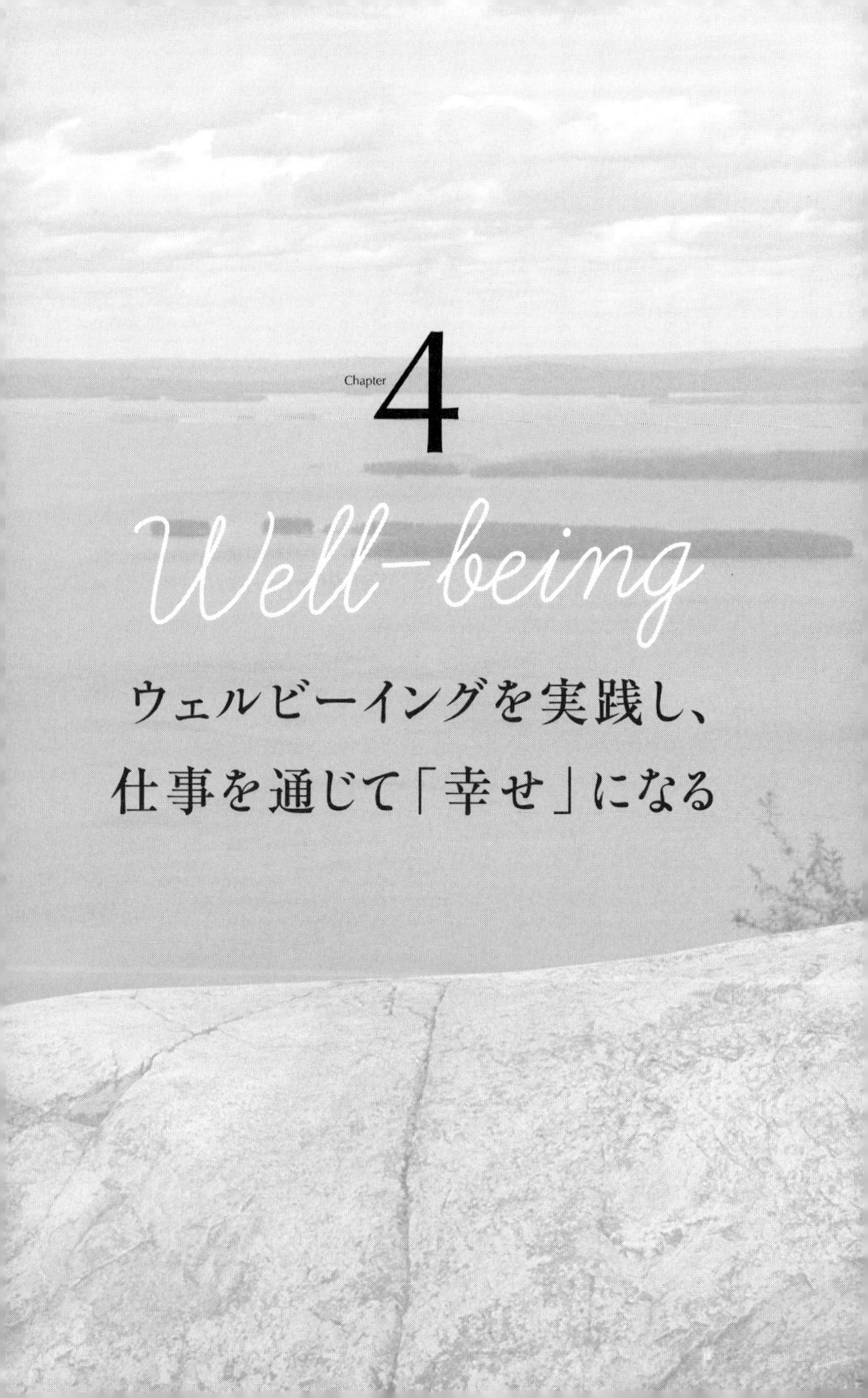

Chapter 4

Well-being

ウェルビーイングを実践し、仕事を通じて「幸せ」になる

実際には遅れている女性の社会進出 価値観の変革が求められる現実

最近、政治の話題のなかでもとくに注目されているのが、女性の社会進出に関する課題です。たとえば、日本航空（ＪＡＬ）が２０２４年４月１日付で初めて女性社長を起用したというニュースが話題になりました。新社長に就任したのは鳥取三津子さん。彼女は同社初の女性社長であり、客室乗務員（ＣＡ）出身であることもメディアに大きく取り上げられました。

このようなニュースが話題になること自体が、この日本では女性の社会進出がまだまだ少ないという現実を反映しています。日常的に報道などで接する政治家や著名人のコメントからも、女性の社会進出に対する偏見や誤解を感じることもあります。能力が高い人物が性別に関わらず活躍できる世の中であってほしいと思いますし、女性の社会進出に対しては社会全体での理解が必要です。

日本は、結婚や子育てに関する制度が遅れている面があり、これが女性の社会進出を妨げている一因といえます。さらに、日本の社会的な価値観が影響を与えていることも否めません。

たとえば、ある女子高校生を対象としたイベントで、人気俳優が好きな女性のタイプを訊かれて「黙って後ろからついてきてくれる女性がよい」と語ったところ、多くの女子高生が歓声を上げていたことがありました。このような発言は、日本に根づいてきた男女の役割分担（ジェンダーロール）や固定的な価値観（ジェンダーバイアス）を反映していると思います。

日本の女性は、昔から「かわいい」存在や、男性に従う存在としてのイメージが強く、これが無意識のうちに女性たちに影響を与えています。人気俳優の発言に歓声を上げてしまった彼女たちも、10代半ばにしてすでにその価値観が刷り込まれているといっても過言ではありません。

さらに、現在の社会制度にも女性の役割に対する古い考え方が色濃く残っています。70年代前半までの高度経済成長期には、女性が家庭を守り、男性が外で働くという考え方が国の政策にも反映されていました。納税者に所得税法上の控除対象扶養親族となる人がいる場合、一定の金額の所得控除が受けられる扶養控除制度などはその最たるものですが、これにより女性の社会進出が阻まれていたのも事実です。

このように、女性の社会進出が進まない背景には、社会制度や（明らかに現代にはそぐわなくなっている）旧来の価値観が深く関わっていると言えるでしょう。これからの社会では、すべての人が平等になるような仕組みをつくっていくことが求められます。

最近の若者について、少し憂慮すべきことがあると感じています。一例を挙げると、2022年にCCCマーケティング株式会社が、これからの未来を担う中高生世代と政治・社会をつなぐソーシャルプロジェクト「学校総選挙プロジェクト」の一環で、第26回参議院議員選挙の模擬投票を行いました。この結果において、39・6%の高校生が自由民主党に投票しています。理由として、「テレビやニュースでよく見かけ、期待できる」「与党で実績や信頼があるため」などが挙がっており、これは長いものに巻かれる傾向が強い世代の考え方を反映しているのかもしれません。また日本の教育では、知識を身につけることに重点が置かれ、社会問題や国際的な視点に対する興味を育むことが少ないように思います。これが、問題の一つではないでしょうか。

現在、世界の状況は保守傾向の強い日本とはまさに真逆となっています。「ジェネレーション・レフト」という言葉が一般化するくらい、Z世代の若者たちは、資本主義を根本から見直すことで気候変動や社会問題を解決する左派的な主張に共感している傾向が見られます。
また、日本の若者の多くは、世界の情報よりも国内の情報に目を向けがちです。世界は急速に変化しており、とくにインドなどの国々では人口が増加し、経済の影響力が高まっています。2023年度のインドの年間GDP総額は、日本円で約561兆1777億円（1ルピー＝約1.9円）と、過去最高値を記録し、2025年には日本を追い抜くとも言われています。

世界の動きに対する理解が不足していると、将来における国際的な競争力に負の影響を及ぼす可能性があります。また日本を出て世界のどこかで仕事をして暮らしていくことを考えるなら、現状の日本の教育や考え方では不十分であるという意識を早い段階からもつことがとても重要です。

こういった、日本の若者の視点や興味に少し不安を感じる一方で、社会に出ている女性たちにも、依然として古い風潮が影響していることを感じています。たとえば、結婚後には仕事を辞めて、子供が小学校に入学するまでは専業主婦でいるといったライフスタイルが、日本には長い間存在していました。とくに地方ではその考え方は根強いものがあります。ただ、こうした背景のなかでも仕事と家庭の両立を図ってきた女性たちもいます。

仕事に対する自由度が圧倒的に低い日本 自らのアイデンティティを確立させる重要性

仕事と家庭を両立させることは、多くの困難が伴います。かく言う私自身もそうでした。子供がいても、核家族のなかで何とかフルタイムの仕事を続けていくためには、強い意志と相応の努力が必要になります。その過程で、さまざまな障害や批判にも直面することになりますので、それに潰されない強い心の持ち主にもならないといけません。

学校の先生から何度も言われたのは、「ビューエルさんは自分のために子供の人生を犠牲にしている」ということ。それ以外にも、同じように働く女性からの批判も受けました。例えば、ＰＴＡの本部役員はかなり負担が多くて受けきれないと言ったとき、「私もパートタイムで働いているのに、なぜフルタイムで働いているからと言ってあなたは優遇されるの？」という声もありました。こうした社会的な圧力や批判は、女性が自分のキャリアを維持するうえでの、大きな障害となりえます。おそらくは「自分はその殻を破ってまで一生懸命仕事はできない」と諦めてしまう女性も多かったと思います。

これと同じ問題は、地域活動や学校行事でも生じることがあります。親が子供会や育成会の活動に参加できないと、「それならばお宅の子供さんの参加も難しいですね」

と、子供がその団体のイベントに参加できなくなることがあるのです。これもまた、仕事と家庭の両立を図る際の困難な一面です。これらは、単に家庭内の課題だけでなく、社会全体の意識の問題でもあると思います。

こういった事例は自分自身が実際に経験したことでもあるので、それを踏まえたうえで常にスタッフに伝えてきたことがあります。

それは、「○○のお母さん（○○ママ）とか○○の奥さんと言われ続けて一生を終えるのはやめにしよう」ということ。そんな位置づけにとどまるのではなく、個人としてのアイデンティティを確固たるものにする重要性を認識してもらいたかったのです。子供が成長し、自分が「お母さん」でなくなるときは必ず訪れます。そのとき、果たして自分自身が誰なのかと問われることがないように、アイデンティティを確立させておくことが重要になってくるのです。

だからこそ、「スタッフが妊娠・出産・子育て中もずっと仕事を続けられるようにしたい」という考え方を大切にしてきましたし、実際に応援してきました。育児休暇中も社会とのリンクを保つために、ｉＰａｄを支給して、社用携帯も返却せずに持ち続けてもらって、会社の状況を確認してもらったり、情報を得るようにお願いしていま す。

社会とのリンクが切れたなかで生まれたばかりの乳幼児を子育てしていると、どうしても孤独を感じてしまいます。それは産後うつにもつながりかねないので、仕事の状況を眺めているだけでもそれを回避できたり、社会とのつながりを維持し続けることができるのです。そうすると、「早く仕事に戻りたい」という想いが芽生えることになりますし、「退職を検討していたけれどやっぱり続けたい」と方向性を転換したスタッフも過去にはいました。自己のアイデンティティをしっかりと確立し、社会と関わり続けることが、子供を産んでからも仕事を続けてキャリアを形成していくための重要な要素だと感じています。

女性の社会進出が重要な時代で仕事というものの本質を考える

前述の通り、これからの時代は女性の社会進出を積極的に進める必要があります。現在も夫婦別姓や共同親権などの議論がされていますが、社会の流れとして女性の社会進出が非常に重要なテーマとなっています。こうした状況下では、どのようにバランスを取っていくかが問われることになります。

そのために私が大切だと感じているのは、まずは自分のなかで「変えられるもの」と「変えられないもの」の区別をつけること。変えられないものに対して過度に力を注ぐことは非効率的ですから、自分がコントロールできる範囲のものから変えていくしかありません。

具体的には、自分自身とその考え方、そして未来の選択肢に焦点をあてることが重要になってきます。将来を担う若い世代のために社会制度に対して意見を述べることは大切ですが、一朝一夕ではどうにもならない部分があるのもまた事実です。それを行うと同時に、個人の力で変えられるものに対する積極的な取り組み、つまり自分自身を変えようとすることが実際にはより効果的になってくるのです。

強い信念とモチベーションをもって、自分自身に対して変化を起こしていくこと。社会の変化に順応するには時間がかかりますが、個人としてできることを一つずつ実行すれば、自分の力でよりよい未来を切り拓いていけるでしょう。

そうは言っても人それぞれですから、なかには単に「生活費を稼ぐため」や「欲しいものを買うため」という理由や動機で働く人がいるのも当然です。もちろんそういう考え方も一つですが、とくに若い世代が仕事に対してそう思い込んでいるのを見ると残念に感じます。そして私は、このような考え方は仕事に対する本質的な理解が欠けているように思います。

仕事はただの生計を立てるための手段ではなく、自分のアイデンティティを形成していく重要な要素です。私の会社に入社してきた若いスタッフでも、最初は仕事を単なる物質的欲求の充足を目的としていた人がいて、まわりの先輩社員たちが「これではいけない」と思い、いろいろと教え込んだ結果、最近では「仕事が面白い」といった発言も出てくるようになりました。

仕事というものは1日のうち最も長い時間費やすものなので、その時間が楽しくないと何のために働いているのか疑問に思うこともあると思います。もちろん、仕事というものはいいことばかりであるはずもなく、困難や苦労がつきものですが、そのなかには必ず「幸せの種」があるものなのです。私はそれを見つけることが仕事をやるうえで大事なことだと思います。

ポジティブマインドで視点を変える仕事を通して幸せになるためのメソッド

自分が前向きなこと、ポジティブでいることは、もっとも強い武器といえます。ポジティブマインドは、エネルギーを生み出し、モチベーションを高めてくれます。この姿勢をキープしていけば、多くのことを成し遂げられるようになるのです。

すべてがよくなる、つまり一歩前進するためには、このポジティブマインドが欠かせません。そして、ポジティブになれるかどうか、自分自身を変えられるかどうかは、自分の力次第であり、これは比較的簡単に実現することができます。重要なのは、前に立ちはだかる困難を外部の責任にしないこと。ポジティブになれない理由を周りの責任にするのではなく、自分自身のなかにその原因を求めるべきなのです。

しばしば指摘されることですが、日本人は自分の力で問題の解決をするのではなく、他者や外部の助けに頼ってしまう特性があります。この傾向は、海外に行くと強く認識できるかもしれません。海外では自分自身で解決しなければならない場面が多く、それが自己成長を促してくれるのです。

日本は安全で、インフラも整っており、生活するうえでは利便性の高い国であることは間違いありません。多くのことが整備されているため、とくに問題意識をもたずに生活することも可能です。しかし、まさにこれこそが「落とし穴」であり、この日本の環境が「ぬるま湯」となって自分の力で問題を解決する機会を簒奪してしまうのです。このことは日本以外の場所で暮らした経験がないとなかなか気づけないかもしれません。

外務省の旅券統計によると、2023年のパスポートの保有率は17・0%と減少傾向が続いています。2023年という年は、行動制限があったコロナ禍期間中に、パスポートの期限が切れた人たちの再取得や新規取得の効果が予想されていましたが、実際はそうはならなかったというわけです。もちろん、世界中で起きている物価の上昇によって、海外旅行そのものができなくなってしまっているということは懸念すべき事項として挙げられます。

実際に、私がドイツに行った際には、その物価高に驚きました。現地での消費が予想以上に高く、たとえば、ランチにラザニアとカプチーノを注文すると、39ユーロ（約6000円）。さらには、タクシー代や免税店での買い物も高額で、現金が足りなくなってしまいました。これらの経験が、異なる経済圏での現実を実感させてくれたのです。

それでも、今後の日本のことを考えると、これからの若い世代にとって海外に行ってさまざまな経験を積むことは、今まで以上に重要になってくると思います。言語も文化も異なる環境での経験は、広い視野を獲得し、多くの可能性を見出すために不可欠です。

ルーティンに固執することは認知症につながる 新しい刺激をどんどん受けて脳を活性化させる

新しい刺激を受けることは、自分の脳の思考回路を柔軟に保ち、視野を広げること、ものの見方の解像度を上げることにつながります。まさにウェルビーイングを向上させる一環として、脳の活性化は重要視されていることの一つです。脳は刺激を受けることによって活性化され、その結果として全体的な生き方が変わってきます。たとえば、脳を活性化することで脳の処理スピードが向上します。一つひとつのタスクにかける時間が短くなり、時間に余裕ができて、1日により多くのことができるようになります。24時間という1日の時間の長さが変わることはありませんが、1日がより充実して感じられるのです。脳がより多くの情報を処理できるようになると、同じ時間をより長く、充実して過ごしていることがわかります。

反対に、1日があっという間に過ぎると感じる人は、脳をあまり使っていない可能性があるので注意してください。日々の生活が単調で刺激が少ない場合は脳の処理スピードが低下し、時間が早く過ぎてしまうことがあるからです。このような状態が長く続くと、脳の老化が進んでしまうのです。

自分で脳の処理スピードを上げることも可能です。簡単にできることとしては「いつもとは違うルートで帰宅する」というもの。たまには遠回りしてもいいという気持ちで、たとえばいつもだったら乗らない電車に乗ってみるとか、最寄り駅から自宅までいつもと違うルートで帰ってみるとか。慣れていないことを試す、アプローチを変えるといったイレギュラーな体験をすると脳が刺激され、活性化が促進されるのです。
また、ドキドキするような感情も脳の処理スピードを上げる一助となります。ですから、いま多くの人が実践している「推し活」も、脳にとってよい刺激になっています。推しのために生きることで、実は自分自身のウェルビーイングも向上させているというわけです。

一方で、やり慣れたことを繰り返し続けるルーティンがある人も多いと思いますが、実はウェルビーイングに悪影響を与えているのをご存じでしょうか。毎日同じルーティンを続けるのではなく、ときには前述のようにイレギュラーな体験を取り入れることも大切です。ルーティンばかりを繰り返すということは、予定調和しか起こらないことになり、脳の処理スピードは次第に低下していきます。人間もまた動物ですから、脳は常に「生存のためにどうすればいいか」を考えることが優先されています。危険がない、または生存の脅威が感じられない状態が続くと、脳はその本能的な刺激を失い、活動が鈍くなってしまうのです。

老人ホームでのケースを例にしてみましょう。場所によっては、認知症予防の脳トレの一環で「計算レクリエーション」を実施しているところがあります。しかし、計算問題を解くだけでは脳の活性化には不十分です。必要なことは新しい挑戦や刺激。計算であっても慣れ親しんだことだと変わりませんので、そこに固執するとむしろ認知症のリスクを高める要因になる場合があります。普段とは異なる刺激を得て、脳の処理能力を保つことが、より豊かな生活を送ることにつながります。

多くの人が不安に感じる「突然死」や「がん」はある程度避けられない面もありますが、認知症は予防する方法があるのです。とくに日本では、「認知症になると周囲に迷惑をかけてしまう」という意識を持っている人が多いですが、そうであればなおのこと早めの対策が推奨されます。

私の経験から言えば、やっぱり海外旅行は一番刺激を与えてくれるものです。異なる文化や環境に身を置くことで、脳は新しい経験に適応しようと活性化するのです。とはいえ、前述のとおり海外旅行へのハードルが高くなっている現状では、日常生活のなかでも意識的に新しい挑戦をしてみることをおすすめします。たとえば、車の運転をする際に、初めて通る道を選んでみると、予期せぬドキドキ感を味わえるものです。それが不安やストレスを伴うこともありますが、そのような経験が脳を活性化させるのです。旅行に行けない場合、海外ドラマや映画を観ることで、新しい刺激を得るのも一つの方法です。これらの体験も、脳を活性化させるために非常に有効だと思います。

現在、多くの人が「楽しいことがない」と感じているのは、日常のマンネリ化が原因かもしれません。しかし、日常の生活にほんの少しの変化を加えることで、簡単に新たな刺激を得ることができます。

Chapter 5

Well-being

人生を楽しむために必要な「自分ファースト」のマインド

「自分ファースト」は幸せや成功のチャンスをつかむために必要なこと

日本人が苦手とすることの一つに「自分ファースト」という考え方があります。私が提唱する「自分ファースト」とは、単なる自己中心的なわがままとは異なるものであるといいうことを最初に明確にしておきたいと思います。

レディファーストからはじまり、「〇〇ファースト」という言葉は2017年度の流行語大賞にノミネートするくらいに数多く使われるようになりました。ただ、「自分ファースト」という言葉を使おうとすると、どうしても「=わがまま」という印象を受ける方もいらっしゃるようです。

その理由について考えてみると、日本文化のなかには人に譲ることや協調性を重んじる美徳、さらには〝空気を読む行為〟が根づいていて、それゆえ多くの人が自分の欲望やニーズを前面に出すことにためらいを感じているからではないでしょうか。

日本人は、道徳や社会の規範を理解するようになってくると、自分の感情や意見を表に出すことは、自分の利益を優先することになり、よくないと考えるようです。私自身、それが日本人特有のマインドセットであると理解させられたのは、やはり海外に出てからのことでした。

カナダ西海岸に位置するブリティッシュコロンビア州にある大学で学んでいたとき、授業で他国の人たちが率直に自己表現をする姿を見て、日本人が感情や欲望を表に出すことの難しさを多々感じました。そして、実際にカナダの会社で営業職として仕事をはじめると、「自分の意見や希望を積極的に表現しないことが、幸せや成功のチャンスを逃してしまう原因の一つ」になっていると考えるようになっていったのです。

幸せや成功のチャンスをつかむために必要なことが、私が重要視する「自分ファースト」であり、これは仕事や課題、あるいは生活全般において何かを選択する際に、軸を自分自身に置くということです。その際に、「自分はどうしたいのか」「何が自分にとって重要なのか」を基準軸にすること。この考え方をもっていることで、自己判断がブレることなく、より確かな決断が迅速にできるようになるのです。

そうはいっても、普通なら何か困難な状況に直面すると動揺するのが当たり前ですし、そうなると課題や問題にばかり気を取られてしまうものです。そのため、どうしても自分の軸がブレてしまうことがあるのは避けられません。しかし、「自分ファースト」を大切にすると、自分自身に焦点を当てることで外部の状況に惑わされることなく、自分の価値観やニーズを中心において選択や判断を行うことができるようになります。

自分ファーストを実践することで、さまざまな状況に対処する際も、自分の基準をもち続けることができます。選択や判断がブレにくく、より確かな意思決定が可能になります。困難な状況が発生しても、まず自分自身を中心に考え、そのあとで、そのほかの要因を検討するというアプローチにつながるのです。

日本人は、協調性を重んじるあまり、他者の意見に簡単に流されやすい傾向があります。何か言葉を発する前には、「これを言ったら自分はどう思われるか」「自己中心的だと思われるのではないか」といった心配が常につきまといます。このような文化的な特徴は、日本の社会で生きていくうえでは確かに重要なことですし、他人の意見に過度に配慮することで大きな問題が生じることはなかったかもしれませんが、それを続けていくといつかは自分自身が疲れ果ててしまいます。

昔のように平均寿命が短いのなら、百歩譲ってそれでもいいのかもしれません。それでも、現在は「人生１００年時代」といわれるわけですから、長い人生をより健康的に歩んでいくなかで、自分の価値観を大切にしながら行動することがますます重要になっています。自分のニーズや価値観を大切にしながら、自己中心的にならずに他者とのバランスを取ること。それこそが、「フィジカルウェルビーイング」や「コミュニティウェルビーイング」を高める鍵になるのです（Ｐ２０９参照）。

ビューエル流「自分ファースト」の軸
それは「自分の魂が喜ぶこと」の優先

新しくはじめたヒーリングサロン「マインドサプリ」にいらっしゃるクライアントさんは、40代半ばから50代半ばの年齢層が多く、カウンセリングに際しては、「これからの人生をどう生きて行ったらいいのでしょうか？」という質問をされる方が何人もいます。

「自分の人生のかじ取り」を行うのは、当然ながら自分しかいないわけですが、最終的な目的地が見えないとなると、迷ったり悩んだりする困難な状況が待ち受けていま す。とくに仕事に打ち込んできた人が定年を意識するようになると、自分自身の方向性が定まらないと悩むことが多いのも確かです。

このような状況で、私はクライアントさんから一つひとつ丁寧に話を聞いていくのですが、「これからの人生をどう生きていくべきだと思いますか？」という質問を投げかけてくる人に、逆に「あなたは何をしているときが一番楽しいですか？」と問いかけると、「音楽を聴いているとき」「映画を観ているとき」や「旅行をしているとき」など、自分が心から楽しめる瞬間を回答してくれます。どんな人であっても、人生のなかでそういう瞬間は確かにあるのです。だからこそ、何かを決める場合は、最初に「自分の魂が喜ぶこと」を中心に据えて考えてもらいたいですね。私がお伝えしたいのは、そういう意味での「自分ファースト」です。

自分の魂が喜ぶことを実践すれば、おのずと自分自身が生き生きとしてきます。そうすると、波及効果として周りの人にもよい影響を与えられるようになるのです。逆に、他人の期待や要求ばかりに応えようとして、自分が楽しくないと感じてしまうと、結局は自分も周りも幸せにはなれないのだと思います。

これからは、自分の価値観や喜びを大切にしながら生きることを求めましょう。自分自身を最優先に考え、自分の軸をもって生きることが、充実した人生を送るためのカギとなるのです。


仕事においても「自分ファースト」を形成してもらいたい。生き生きと仕事をしてほしい。仕事の時間を単にお金を稼ぐ手段として捉えるのではなく、楽しみや意義を見出しながら取り組んでもらいたい。そう考えた私は、自分の会社で働くスタッフに、仕事のなかに楽しさややりがいを見つけてもらうことを目指しています。具体的にはP49でご紹介したようなケースがありますが、仕事をしていくうえで、その人の心がこもっているかどうかは、結果に大きな違いをもたらします。

仕事が面倒に感じるとき、ただ「仕事だから仕方がない」と考えてしまうと、そうした気持ちが反映されることが多いのです。しかし、たとえ面倒であっても、「もしこれをこうしたら、相手がどう感じるだろうか」と少し心遣いをもって取り組むと、その結果が大きく変わることがわかります。こうした心のこもったアプローチは、やがては仕事の質を確実に向上させていきます。

「自分を褒めること」を心がければ、自然と他人を褒められるようになる

「自分ファースト」につながる行動の最たるものが、「自分を褒めること」です。これもまた多くの日本人ができていないと感じることの一つですね。

子供のころは、ご両親や先生から「よくやったね」「いい子だね」と褒められることがあったと思います。例えば、何か人に親切にしたり、勉強や運動で結果を出したり、部活動に打ち込んだりなど。それが、年を重ねるに従ってそのような賞賛を受ける機

会はどんどん減少していきます。大学進学、卒業、就職など人生の節目となるタイミングではそれがあったとしても、日常的にはその機会がなくなる方が大半です。褒められることがなくなった結果としてできあがるのは、自分で自分を褒められない大人です。

その一方で、仕事をはじめると必ず壁が立ちはだかります。それは当然挫折を伴うもので、その際に「私は駄目な人間だ」と自分を否定することばかりでは、自己評価がどんどん下がっていきます。そこで、どんなことでもいいので、なかば無理やりにでも自分のよいところを見つけて褒めることが重要になるのです。

私はサロンに来られた方には、その視点を提案するようにしています。具体的には、会話や聴取した行動からその方にしかないチャームとなるものを見つけ出して、「この部分が素晴らしいですね」「こういうことができる人はなかなかいないですよ」とお伝えしています。そのうえで「だからこれからは自分で自分を褒めてあげてくださいね」と促します。実際にそれを伝えた瞬間、その人の表情が変わるのを幾度となく見てきました。その人のなかで自己肯定感が高まり、前向きなエネルギーが生まれたことが明らかに伝わってきたのです。誰からも褒めてもらえず、自分でも褒めていないから、心はすっかり疲弊してしまっているので、エネルギーの灯を点してあげることが大切。だからこそ、自分を褒めることは「自分ファースト」に欠かせない一部なのです。

そして、褒めることと問題解決を両立させるダブルアプローチも効果があります。前述のように、自分のよいところに焦点を当て、そのよさを認識してもらうことで自己肯定感を高めます。次に、問題となっている部分を改善するための具体的なアクションを起こします。このアプローチにより、問題の解決がよりよい方向に進むとともに、ポジティブな自己認識が促進されるのです。

人は問題に意識を集中させると、その問題がますます大きくなる傾向があります。サロンに来られる方でも、問題にばかりフォーカスして、それを何度も繰り返し言葉に出すというケースが多いです。ネガティブな言葉を繰り返すと、その記憶が深く刻まれ、問題がどんどん大きくなる恐れもあるのです。したがって、その焦点をなるべくポジティブな面に移すことが重要です。

自分を褒めることができていないからこそ、「他人を褒めること」が苦手な方も多いのが日本人の特徴でもあります。

外国人の場合、アメリカ人やカナダ人、オーストラリア人など、まったく知らない人同士が一緒になったときに交わす言葉でも、何かしら褒めることが一般的です。たとえば、「あなたが着ている服のピンク、とっても素敵ね」といった言葉が自然に交わされています。だから、みんな普段から褒めているし、褒められているとも言えるでしょう。

これに対して、日本人は褒められる機会が少ないことで、心のなかが満たされないまま生きることになります。私は、褒められることは「心のなかに小さな満足感の貯金を積み重ねるようなもの」であると考えています。褒められることで1ポイントずつ貯まっていくような感覚。これは自己肯定感を育む大切な要素なのです。

北欧にも頻繁に褒め合う習慣がある国があります。褒められることの文化的な違いについて一例を紹介しましょう。

あるとき、デンマークの寝具ブランド「ダンフィル」で働いていた友人のレナードさんと奥さんと私で、一緒にデンマークの街を歩いていました。彼女は花柄の長靴を履いていたのですが、通りすがりの男性がその長靴を見て、「こんな長靴を履いている人は女王様に違いない」と言い、突然ひざまずいて長靴にキスをしたのです。信じられますか？ドッキリ系のコンテンツの企画ではなく、ナチュラルにこのようなことが起きたのです。少なくともここまでシアトリカル（演劇的）なことは、日本では絶対にありえないことだと思います。

この光景は私にとってまさに衝撃であり、同時に心から感心した出来事でもありました。彼女は顔が真っ赤になるくらい照れていましたが、その言葉と行為にとても喜んでいたのです。このエピソードからも、褒められることがその人のウェルビーイングにどれほどよい影響を与えるのかがうかがえます。

みんなと同じものを選ぶ日本人　価値観を確立させることが大事

「自分ファースト」のマインドに関係していますが、自分自身の好きなものや考えを大切にするという面でも、日本と外国では違いが見られます。外国の人々は、自分の価値観や好みがしっかりとあり、自分を表現することに対して自信をもっています。一方で日本人は、自分について考える時間が取れないこともあってか、前述のように自分の軸がブレやすくなってしまっている人が多いと感じられます。それは当然ながら自分に対する自信の欠如へとつながります。

これは、今もなお日本でブランド品が非常に人気な理由の一つかもしれません。

私がモルディブに行ったときのことです。せっかくだからと日本で新しい水着を購入して持参したのですが、たまたま目にとまって気に入った花柄の水着が、実はそのとき日本で流行していたアイテムでした。私がその水着を着ていると、フランス人のダイバーから「日本人はみんなその柄の水着を着てるよね。みんなと同じで恥ずかしくないの？」と言われてしまい、ショックを受けました。

同時にそのダイバーからは、「花柄はインパクトが強くて目立つ柄だから、色を選ぶ際に注意が必要だよ」というアドバイスも受けたのです。フランスの人たちがデザインに対して抱いている感覚も非常にユニークで興味深いと思いました。おかげで、そのとき新たな視点を学ぶことができたのだと思います。

このように、自分の価値観や好みを確立させるということは、それぞれの国の文化的背景が如実に反映されていることを実感したのです。

日本人は、自分の感性に自信をもつことが難しいと感じる人が多く、とりわけ自分の感覚や意見を公にすることに対して不安を抱くケースが多いのではないでしょうか。「それはあなたの感想ですよね？」という著名人の言葉が流行ってしまったことは、その傾向に拍車をかけてしまっていると思います。

日本人は、どうしてもみんなが評価しているものに対して同意しておけば大きな間違いはないと考えてしまう。これは誤った選択をするリスクを避けるために、自然に身に着いた考え方なのかもしれません。一方で、周囲の意見に流されることなく自分の意見をしっかりともてる人は、しばしば「かっこいい」という評価を受けます。

「出る杭は打たれる」ということわざがあります。これは、何か抜きん出たことをする者は、人から非難されるという意味です。つまり、日本においては、昔から目立つことや独自性をもつことに対する警戒心があることを示しています。むしろ個人の特性や意見が尊重されるアメリカやヨーロッパでは、「積極的に抜きん出るくらいじゃないと駄目」だとみなされていて、逆にそれを成長の機会ととらえる文化があります。日本の歴史や文化においても、歌や文学などにさまざまな美徳が表現されており、これが私たちのDNAに深く根付いていると感じることがあります。また、親から受け継いだ価値観や教育も、時代とともに変わらずに残っていることが多くあります。一朝一夕で変えられることではないかもしれませんが、それでも人生100年時代を生きていくうえで、個性を大切にすることはとても重要です。

自分らしさを保ち、他人と異なることを恐れずに表現することは、自己成長や幸福感につながります。文化や歴史的な背景に囚われすぎず、自分自身をしっかりともつことが、ウェルビーイングを高めてより豊かな人生を送るためには欠かせない要素なのです。

人を褒めることもウェルビーイング 私がカナダで実践してきたこと

人を褒めるという行為は、私も最初はまったくできませんでした。どうやってそれを身につけたのか、自身の体験を具体的にお伝えします。

前述の通り、私は最初はカナダのブリティッシュコロンビア州にある大学に留学したのですが、やはり最初はカナダの文化である頻繁に褒め言葉を使うことに驚きを隠せませんでした。日常生活のなかで「こんなの全然大したことじゃない」と思えるような小さなことでも、過剰に感じるくらい褒めあっているのです。往々にして日本では、特別な努力や成果が得られたときのみ褒めてもらえることが多かったのですが、カナダでは日常的に褒め称えるのがごくごく普通のことなのです。

初めはこのような褒め言葉の連続に違和感を覚えました。それでも〝郷に入っては郷に従え〟でもあるので、自分でもカナダ人と同じように褒めてみようとするものの、適切な言葉を投げかけることが難しく感じ、どう褒めればいいのかわからず戸惑ったものです。

褒め言葉がとっさに出てこない自分へのいら立ちは募るばかり。そこで、私はカナダ人がどのように褒めているかをまずはじっくりと観察してみました。すると、褒める際には見た目のなかでも具体的な要素に焦点を当てていることに気づきました。たとえば、洋服の色やデザインについて褒めるのが一番イージーであり、見るからにわかりやすいことでした。「(着ているセーターの)そのブルーが素敵ですね I like the blue」というように、具体的な内容でまず褒めるのが一つの方法だったのです。

色をピックアップできないときには、「あなたの笑顔が素敵ですね I like your smile」

など笑顔を褒めているのが印象的でしたし、観察していくと外見や印象に関する褒め言葉のバリエーションが多いことがわかりました。とくに高い頻度で会う親しい関係では、新しいコスメを使い始めたときや髪型を変えたときなど、ちょっとした見た目の変化について褒めることが一般的だったのです。

それでも、自分でそれらの言葉を使えるようになるまでには、試行錯誤の連続です。最初はそもそも褒めることに慣れていなかったし、何を褒めていいのかもわからなかったし、どう言えばいいのかもわからなかったので、とてもぎこちなかったと思います。

たとえば、着ているトップスについて「I like your top」と言うのか、色について褒めようとして「I like the color」か「The color looks nice on you」と言うのか、瞬時に適切な言い回しを見つけるのが難しかったです。慣れるまではすごくナーバスになっていたことを憶えています。闇雲に言ってもぎこちないからなかなか伝わらないので。

だから、カナダ人の褒め言葉の表現を自分のなかにストックしていく時間が必要となりました。「髪を切った人を褒めるときには You have a nice haircut や I like your hairstyle と言えばいいんだ」といった具合に。それらのフレーズが自分の中に蓄積されていったとき、褒め言葉が自然と出るようになりました。そうすると、コミュニケーションが各段にうまくいくということを実感したのです。

言語以外で行うコミュニケーションである「ノンバーバルコミュニケーション」でも、カナダ人が駆使しているものがありました。それは「笑顔」です。たとえば、見知らぬ人と目があったときにすぐに笑顔を見せる習慣があります。最初は「なぜみんなこんなにニコニコしているの？」と不思議に思ったくらいなのですが、褒め言葉同様、目が合ったときに自然に笑顔を見せることも習得に時間を要するものでした。そんな行動は日本ではやってきたことがないし、訓練も受けていないので、そもそも口角をいきなり自然な形で上げることなんてできませんからね。

カナダで就職し、社会人になってからは、こうしたコミュニケーションスキルをさらに磨く機会が増えました。社会人として働き始めると、褒めることは関係構築のためのファーストアプローチとして行われることが多くなります。カナダでの社会人生活の最初の1年間は、これらのスキルを身につけるために費やしたとすら言えます。

カナダの現地法人に、私は営業職として採用されました。69人いた営業部員のなかで、女性は私一人だけという構成。新人営業は先輩に同行することで、仕事内容やどういうことが重要であるかを実際に体験していくわけですが、海外であってもスタートは同じです。最初は営業同行を通じて先輩たちにノウハウを教えてもらいました。具体的には、レセプショニスト（受付の人）を通過するためのコツや、その際にどのような言葉を使って褒め称えればよいのかなど。こうした指導を受けるなかで、褒め方についても多くのことを学ぶことができて、表現のバリエーションも確実に増えていきました。

カナダでの会社員時代に身につけたこのスキルを発揮していくうちに、褒め方にはさまざまな方法があり、相手に合った褒め方を見つけることが大切であることも実感しました。やっぱりその人に合っていない言葉を使って褒めたとしても、途端に言葉が色褪せてしまい不自然に聞こえてしまいます。「誰にでも使える汎用的な褒め言葉」というものはないのです。だからこそ、自然な褒め方を習得すると相手とのコミュニケーションがスムーズになりますし、必ず自分自身にもよい影響を与えるのです。

批判を恐れずに自分の進む道を貫くウェルビーイングを損なわない対処法

前述の「出る杭は打たれる」という話とは別に、今の時代は自分が決断したことや起こした行動に対して批判を受けるということもしばしば起こり得ます。人によっては、匿名による顔の見えない人たちからの批判というものも出てくるかもしれません。それを気にしてしまうとメンタルがダメージを負ってしまい、一気にウェルビーイングが低下します。誰もが叩かれる可能性がある時代を生き抜くために、私の身に起こったケースをご紹介します。

それは私が起業してからの話です。末っ子の次男が3～4歳くらいのときのこと、「JETROジェトロ（日本貿易振興機構）」に携わるため、2ヶ月間海外に行くことになりました。まだ幼い子供と家族を日本に残し、母親が単身海外に長期出張に行くわけですから、このような決断は一般的には難しいものです。しかし、当時は起業した会社がなかなか軌道に乗らず、自分が行動しなければならないと判断しました。私がこのオファーを受けるしか会社が生き残る道はなかったからなのですが、小学生だった長女の学校の先生からは「ビューエルさんは娘さんを犠牲にしている」と批判されたことがあります。先生は、長女が学校帰りに弟を保育園に迎えに行っていたことから、「他の子たちはみんな学校から帰ったら遊んでいるのに、自分を犠牲にして弟さんの世話を優先している」と言われたのです。あとで娘に確認したら、「全然そんなことないよ？」とあっけらかんとしていたのですが、先生からはそんな風に見えるんだろうなと思いました。

私の考え方として、批判に対しては「中途半端に言わず、どんどん言ってください」

という姿勢です。時にはグサッとくることもあります。時には「注意しないといけないな」と自分自身、反省することもあります。ただ、的はずれな批判や中傷めいたこと、または足を引っ張るだけの批判については、P53でも紹介した「何かを言ってくる人がいたとして、この人が私を食べさせてくれるわけではないのだから、別に気にすることはないじゃない」という想いが強くあります。

私自身、この言葉を胸に、批判を恐れずに自分の目標に向かってやり抜くことで、自分らしさを保ちながら前進してきました。どのみち批判や噂は一時的なものですから、私は他人に何かを言われるよりも、自分の進むべき道を貫くことが重要だと思います。

私がずっと日本で生きていたら、間違いなくこんな想いを抱くことはできなかったでしょう。多感な10代20代の時期を海外で8年半過ごした身からすると、日本は心地よい場所であると強く思いますし、私から見れば日本人同士はお互いに支え合う柔らかさがあると感じています。

しかし、海外ではそのような感覚を得られることはありません。確かに自由はありますが、自分が決断したことに対して最後の最後までを支えてくれる伴走者のような人はいません。最初の段階でのサポートはあっても、実際に物事を進めるかどうかの決断は自分自身に委ねられます。「やるかやらないか」を決めた時点で、その後は自分で進めるしかないという現実が待っているのです。

日本では、できないことがあっても、「頑張ろう」「きっとできるよ」と励ましてくれたり寄り添ってくれたりする人が多くいます。困難に直面しても、誰かがそばにいてくれるという安心感があります。一方、海外ではたとえ支援を求めても「自分で決めたことなんだから自分でやるしかないでしょう」と、失敗を恐れずに自分で立ち向かうことが求められます。それは自己責任の強調であると同時に、お尻を叩かれて喝を入れてくれるような感覚なのです。

海外での経験は、私に「自分で決めてどのような行動を起こすかの重要性」を教えてくれました。日本のようなサポートが期待できる環境ではなく、厳しい現実と向き合いながら自分の力で進んでいくことができたことで、人生に対して大きな糧になったと思っています。

Column 3

●

海外で出会った「自分ファースト」な人

私が「自分ファースト」という言葉を考えるとき、真っ先に浮かぶ人が、1958年にバンクーバーに移住し、1971年に「NAOMI'S CAFÉ」を開店した清水なおみさんです。私の大学では、日本からの留学生は私が第1号でした。それもあって、日本人に会う機会はほぼなかったのですが、「日本人がやっているカフェがあるんだ」と興味を抱いて訪れたことが彼女との出会いのきっかけでした。

大阪出身のなおみさんは、戦争中にカナダの日系2世であるジョージさんと恋に落ちました。しかし、戦争が終わると、旦那さんはカナダに帰国。その後、旦那さんから「真面目に働くからカナダに来い」と書かれた手紙と船のチケットが送られてきて、それを機にカナダに移住しました。

カナダに渡った当初、なおみさんは英語を話せず、「外国人の女性ができることをやるしかない」と自分に言い聞かせていたそうです。一方で、日本文化とカナダのスイーツを融合させたカフェを開くことを夢見ていました。なおみさんは、自分の夢を叶えるために、困難を乗り越えていったのです。移住から10年以上が経過し、念願となる自分のお店を開いてからは、毎週土曜日にパンを焼き、それを日曜日に教会に持参して無料で配るという活動を続けています。

なおみさんの生き方は、自分の夢を貫き、困難を乗り越えた象徴です。まさに、「自分ファースト」を実践し続けた結果、多くの人たちに感動を与えています。もちろん、私にも常に励ましの言葉をかけてくださいました。「芳子ならできる。あなたのこと一番自慢に思っているから、頑張りなさい」と。今でも月に1度は必ず電話をかけてくれます。電話では、「どうしてるの？」と気にかけてくれて、「自分を大切にしなさいよ。他人の言うことなんて気にする必要はないんだから。芳子ならできるから、自分がいいと思ったことは実行しなさいよ」といつも励ましてくれます。まさに、私にとって「自分ファースト」の大先輩ですね。

Chapter 6

Well-being

ウェルビーイングの観点から「幸せ」について考える

「幸せ」は意識しないと訪れない
理想にとらわれすぎないことが大切

ここまでウェルビーイングの重要性からはじまり、人間関係や仕事における活かし方、「自分ファースト」というウェルビーイング向上の秘訣をお伝えしてきました。この章では、誰もが追求する「幸せ」とウェルビーイングの関係について紹介していきます。本章の根底にある私からのメッセージは、「ウェルビーイングを高めれば、誰でも幸せになれるのよ」というものです。そのために役立つヒントが本章のなかでは登場します。

近年では、ウェルビーイングが「身体的・精神的・社会的に良好な状態にあること」を指す言葉であることから、「幸福」と訳されることが増えています。実際、心理学による幸せな状態に関する分析研究は「幸福学（well-being study）」と訳されています。このように、ウェルビーイングと幸福は密接に結びついているのです。

「幸せになりたい」とは大なり小なり誰もが思うことですし、日本国憲法13条に記載されているように、私たちの幸福を追及する権利は尊重されます。とはいえ「幸せ」というものは人の数だけあるのも間違いありません。

「幸せになりたい」と願うとき、そこには人それぞれ異なる意味が込められています。ですので、まずは自分にとっての「幸せ」がいったい何であるかを、一度じっくりと考えてみるべきだと思います。これに関しては他の誰かの意見は参考になりません。その人は自分とは違う人間なのですから。

たとえば、「幸せ」を、滅多に自分の前に現れないものとして捉えてしまうと、それは永遠に手に入らないかもしれません。いざ自分の目の前に現れたときにしっかりとつかむため、綿密な準備をしているなら話は別ですが、幸せが手に届かないものであると勘違いしてしまうと、その追求は無限に続くことになってしまいます。

私の会社で働いていた女性スタッフの例を紹介します。彼女は、32歳で入社しました。長い間「結婚したい」という発言をしていたものの、なかなか実現しませんでした。10年が経過して彼女が42歳になったとき、看護師になりたいと考え、看護学校に通うために会社を退職しました。

退職後も私と彼女はときどき会って近況を聞いたりしていたのですが、彼女から「まだ結婚したい」という言葉を聞くたびに、彼女の高い理想に対して疑問を抱きました。「自分よりも年上は嫌だから35歳以下の人がいい」といった具体的な希望を述べる一方で、自分自身の年齢や状況には目を向けていない様子が見受けられたからです。また、彼女は「白馬に乗った王子様」のような理想をもっており、現実にはそんな人は存在しないことに気づいていないようでした。

彼女が描く「幸せという絵」は、肝心の自分自身がそのなかにはいなかったのです。むしろ、絵を外から眺めている傍観者のようなものでした。そのため、現実的な幸せを見つけることができず、理想の「王子様」が現れることを待ち続けているように感じられます。そして、いつまで経ってもそんな存在はやってこないのです。それでも彼女は待ち続けています。それ以外の幸せのイメージが彼女のなかにはないから。

「幸せ」は、理想だけでなく、自分の現実や状況に合ったものを見つけることが大切です。理想のイメージをもつことはよいことなのですが、それだけでは現実の幸せは得られません。自分がその幸せのなかに入っていくための努力をしなければ、いつまでも幸せにはたどり着けないでしょう。幸せを手に入れるためには、自分自身の現実に即した幸せのかたちを見つけ、そこに近づくための行動が必要なのです。

それでも、私は彼女のことをすごいと思っています。長いキャリアを積んできたあとに、畑違いの看護師という職業で新たな人生を歩みだすため、学校に入学することは大変な決断です。新しい道を選び、覚悟とともに再スタートを切るために一歩踏み出すことは、普通の人にはできない自己変革です。でも、それを成し遂げた彼女に、「今こうしていて幸せじゃない？」と伝えると、「そんなこと思ったこともないです。大変なんです」という返事がかえってきました。私にはそれこそが「幸せ」であると思うのですが、多くの人は「大金持ちになること」や「世界中を旅行すること」といった大きな成果や物質的な達成こそが「幸せ」の形としてとらえがちです。私は「幸せ」とは、もっと地に足の着いたものであるべきだと考えています。

「よかった探し」で小さな喜びを見つける 自分のまわりにある確かな幸せを認識しよう

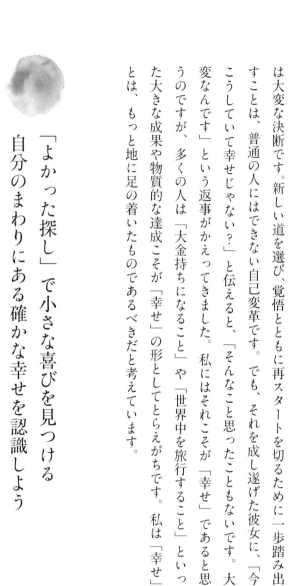

私は、「幸せ」とは日常の小さな喜びのなかにこそ存在していると考えています。

たとえば、「今日は晴れていてよかった」「青空が広がっていて気持ちいい」「車に乗っていたら信号がすべて青だった」といった小さなよいことを見つけることが、私にとって幸せへ近づくことなのです。私は昔からこの「よかった探し」を日々実践しています。よかった探しを続けていくと、のちのち振り返ったときにその小さな喜びが積み重なって、大きな幸せを実感できるようになるのです。

先ほど紹介した彼女のように、幸せを「何か大きなもの」ととらえすぎると「大きな幸せ」がいつまでも実現しないと感じることがあります。しかし、幸せは本当に些細なことから見つけられるということを知ってもらえたらと思います。

ですので、「幸せって何だろう?」と悩み迷いながらあてどなく追い求めるのではなく、まずは毎日「よかった探し」をやってみることをおすすめします。日常のなかで見過ごしてしまいがちな小さなよいことに気づき、それを確認することで、実は自分の周りに多くの幸せの種があることに気づけるはずです。私は、小さな喜びを見つけられない人のもとには、いつまで経っても大きな幸せはやってこないと思っています。

自分が健康なときには見過ごしてしまうけれど、病気になると普段当たり前だと思っていたことの大切さに気づくことが誰にだってあるはずです。失ってから初めてその価値に気づくのは、むしろ健康であれば当たり前のことかもしれません。いざそうなったときに後悔しないためにも、普段から「よかった」と感じる習慣を持ち、その感性を育んでいくことが重要になります。

この行為は私のオリジナルではなく、元ネタがあります。エレナ・ポーターが1913年に発表した児童小説『少女パレアナ』のなかに「よかった探し」が登場するのです。牧師だった父を亡くして孤児になったパレアナは、父からの遺言である「どんな苦しいときでも、明るい部分を見つけて明るく生きなさい、よかった探しをしなさい」を実践し、前向きに生きていきます。物語のなかで語られる「よかった探し」

は、初めて読んだ高校生のころから強く心に残っていました。この作品は、1986年に『愛少女ポリアンナ物語』として、世界名作劇場でアニメが放送されていたので、いま40代の方で憶えている方もいらっしゃるかもしれません。

ちなみに、1996年に刊行された村上春樹さんのエッセイ『うずまき猫のみつけかた』のなかに「小確幸《しょうかっこう》」という言葉がでてきます。これは彼による造語で、「小さいけれど確かな幸せ」という意味です。激しい運動をした後に冷えたビールを飲むことを具体的な例として挙げ、「そういった「小確幸」のない人生なんて、かすかすの砂漠のようなものにすぎないと僕は思うのだけれど」と締めくくられています。

この言葉は、実はアジアで市民権を得ているのですが、10年ほど前に台湾でブームになり、その後は中国でも取り上げられ、近年では韓国の若者たちの間で浸透しているというニュースも報じられました。まさに、この「小確幸」という言葉は、自分の周りにあるささやかな幸せの瞬間を認識することに他なりません。それもまた「よかった探し」の一つのバリエーションになると思います。

生きているだけで幸せに囲まれている
その事実に気づくだけで意識は変わる

「幸せ」に関して多くの人が抱える悩みに共通するのは、「自分は幸せではない」と感じていることです。そこが出発点となっている人は、幸せを一つの状態や成果としてとらえており、何か特別な出来事があれば、一気に幸せになれると考えています。しかし、言わずもがなですが、幸せというのはそのようにとらえるべきものではありません。

自分がすでに幸せであるという事実に気づいていないケースもあるでしょう。たとえば、しばしば結婚式で交わされる定番のフレーズ「お幸せに」も、実際にその言葉が意味するのは、幸せがまだ手に入っていないという前提で投げかけられる言葉ということに、よく考えれば気づけると思います。つまり、日本人の多くは、幸せをすでにそこにあるものではなく、「これから手に入れるもの」として考えているのです。

幸せを誤ってとらえてしまうと、〝本当の幸せとは何か〟がズレてしまい、勘違いしたままいたずらに時を重ねてしまいます。最初はそれほど大きなズレではないかもしれません。しかし、出発点が「不幸せ」である場合、そのズレがどんどん大きくなって、結果として本当の幸せにはたどり着けないことが多いのです。ズレが生じる原因の一つは、自分と他人を比較しすぎることにあるのかもしれません。

ここで言語を変えてみましょう。「幸せ」は英語では「Happiness」ですが、両者の間には意味や感覚に違いがあるように感じます。日本語の幸せは、しばしば外的な条件に依存しがちである一方、英語のHappinessは、もっと内面的な状態や感覚を表すことが多いのです。そこで、英語でHappinessという言葉を使うとき、皆さんはどのようなイメージを抱きますか？

私にとってHappinessは、非常に身近で現実的なものです。特別に大きな出来事ではなく、むしろ日常生活のなかにごくごく自然に存在するものという感覚。宝くじに当たることのような、リターンが大きなものでは決してありません。カナダにいた頃は、「Are You Happy?」という質問を多くの方からよくされたものです。日本では「あなたは幸せですか？」と訊かれることは滅多にないと思います。

日本の「幸せ」という言葉には、どこか遠くにある、達成困難な目標のようなイメージがつきまといます。実際、日本で幸せに関連した言葉が使われるのは、年に1度発表される「世界幸福度ランキング」やニュースのなかでの話題など、特定の場面に限られるのではないでしょうか？　誰もが幸せを追求して生きているはずなのに、日常的にそれを検討する機会はあまりにも少ないのです。

結局のところ、本当の「幸せ」とは、大きな出来事や外的な条件からではなく、日常のなかで感じられる小さな喜びや、すでにもっているものに気づくことから始まります。自分がどれほど幸せであるかを認識し、感謝をすると、真の幸せを感じることができるでしょう。

幸せを認識することは非常に重要です。私は、初めてダイビングを体験したとき、レギュレーターを使った水中での呼吸がとても難しく、苦しく感じました。ダイビングから帰宅後、「空気が自由に吸えることって、なんて素晴らしいんだろう」と実感しました。この感覚は、病気になって手術をして入院生活を終えて自宅に戻ってきたとき、家での生活がどれほど貴重なのかを感じることに近いものです。普段はかえりみることなく、当たり前に思っていることが、実はどれだけ幸せであるのかに気づく瞬間です。

私がずっと実践している「よかった探し」も、幸せを認識するためのメソッドの一つであると考えています。「よかった」と感じられる小さな出来事を積極的に探していくことで、やがては大きな幸せにつながっていく。往々にして、後で振り返ったときに気づくので、普段から「よかった探し」をやっていくことが大切です。こうした日々のなかで見逃しがちな幸せを認識して集めていくことで、より大きな幸せへとつながるということが、実感としてわかっていきます。

私は「マインドサプリ」のカウンセリングのなかでも、この考え方をクライアントに伝えるようにしています。とくに、ネガティブな思考に陥りがちな人には、この「よかった探し」が想像以上に効果を発揮してくれるのです。

カウンセリングをしていると、どんな質問を投げかけてもどんどん悪い方向に考えが進んでしまう、ネガティブの沼にはまっている人もいらっしゃいます。そのようなときには、「これはいいことではないですか?」と、些細な会話の流れのなかから小さなよいところを引き出し、どうにかポジティブな側面を見つけるように努めます。どこかでプラスに転じることができれば、沼から救い出すきっかけになるからです。

ネガティブな考え方の人が増える理由としては、現在の各種ＳＮＳを取り巻く状況もあると思います。常に誰かが叩かれ、分断が進み、誹謗中傷が蔓延し、差別が放置されるような空間では、どうしてもネガティブな情報が多くなっています。こうした環境では、悪い面ばかりに焦点があたり、それがますます強調されてしまいます。ネガティブな思考が感染し、どんどん広がっていくのです。さながらウイルスの感染のように。そのため、意識的にプラスの面を探すことが重要です。

そんなとき、「よかった探し」はすぐに実践できるとてもシンプルなメソッドです。発車直前の電車にギリギリ乗ることができた、これを逃していたら次は30分後だった。それだけでもラッキーですよね？ こういう小さな「よかった」が積み重なると、「私ってもしかしたらすごくラッキーなのかも」と思えるようになります。そうすると「幸せゾーン」に簡単に入れるようになるのです。そして、この積み重ねが「幸せ」を増幅させることで、ネガポジ反転を起こすように、一気にポジティブな思考へと導いてくれるのです。

自分で起こす行動が幸せへの近道
他者のリアクションが自分の世界を変える

日本人と比較すると、北欧やアメリカ、オーストラリアの人々のほうが、朝から元気で活力に溢れている印象があります。それはシニア世代もそうで、「今日から新しいことをはじめるぞ！」というオーラが出ています。日本人は、とくに都心部での長い通勤時間もあいまって朝から元気を出すことが難しいのかもしれません。まだまだ眠そうな顔をしている人も多く、「朝からそんなハイテンションにはなれないよ」という雰囲気があります。

私がマクロビオティック（穀物や野菜、海藻などを中心とする日本の伝統食をベースとした食事）を実践していたころに、食事の面から見た世界各国の違いについて話題になったことがあります。動物性食材をたくさん摂取する西洋人は、エネルギーが高く、陽気な性格の人が多いといわれています。反対に、古来の日本人が食べてきたのは玄米や味噌などの発酵食品、魚、海藻などであるため、感情や気分にも人種による違いがあるのではないかというものです。しかし、現在では日本人も肉を多く食べるようになり、この違いはあまり感じられなくなっています。

世界幸福度ランキングで日本が低い位置にいる理由には7章で触れていますが、さまざまな要因が幸福度に影響を与えています。２０２４年度は4位と順位を落としているとはいえ、ＧＤＰ（国内総生産）などの経済指標が高いにもかかわらず、幸福度が低いわけですので、それを向上させるためには社会的な課題に取り組むことが不可欠です。

現在の日本では、とりわけシングルマザーの幸福度が低いというデータがあります。2019年に内閣府が公表した調査データによると、日本の母子世帯の相対的貧困率が5割を超えていることからも、シングルマザーの生活は非常に厳しい状況に置かれていることとわかります。

私の会社では、ひとり親家庭のフードバンクである「グッドごはん」というプロジェクトを通して、東京都、神奈川県、千葉県でシングルペアレントを支援しています。このプロジェクトでは、「ひとり親家庭等医療費助成制度医療証」を持つひとり親家庭を対象に、月に一度食品を届けるという取り組みを行っています。このプロジェクトに参加した当初、母子家庭の平均就労年収が236万円でかなり厳しい経済状況にあることを知りました。その一方で、父子家庭の平均年収は496万円と厳然たる格差が存在しています（ただし、厚生労働省が発表した「令和3年度全国ひとり親世帯等調査結果」では、母子世帯の母親の平均年収は272万、父子世帯の父親の平均年収は518万円で増加傾向にはあります）。

どれだけ美辞麗句を並べても、236万円で生活するシングルマザーは、子供に対して必要なものを我慢させなければならず、ほかの出費を切り詰める必要があります。一方で、シングルファーザーは496万円ですから、シングルマザーと比べると経済的には倍の数字です。この差は、日本におけるシングルペアレントの厳しい現実を物語っています。さらに近年では、経済的要因によって子供の教育格差や体験格差が広がっていることが問題になっています。

これらの問題は個人の努力ですぐに変えられることではなく、課題として社会全体で取り組み変えていくべきことですが、社会全体が閉塞感に包まれ変化の兆しが見えないときでも、ウェルビーイングを向上させて幸せになれる方法を考えたとき、「よかった探し」はそれに準ずるものだと思います。

それ以外にも、毎朝会社に出社した際、見るからに不機嫌そうなムスっとした顔で仕事をはじめるのか、それとも隣の席の人に「おはよう」と明るく挨拶してからはじめるのかで、周囲の反応は大きく変わります。さらには、社内全体に「おはようございます」と声をかけることで、また違った反応を得られます。このように、同じ場所にいながらも、どのような態度や行動を選ぶかによって、私たちが受ける影響や感じる環境は大きく変わっていきます。パラレルワールドではないですが、自分が起こした行動によって分岐していく未来があるということです。

つまり、私たちは他者によるリアクションのなかで生きているということに他なりません。一つの行動を起こせば、それに対してさまざまなリアクションが引き起こされます。そのリアクションこそが私たちの幸福感や生活の質、ウェルビーイングに影響を与えます。つまり、どのような行動を選ぶかによって、自分の幸せ度もまた決まっていくのです。

本当に自分が幸せになりたいと思うなら、それに見合った努力が必要になるということは言うまでもありません。現状を変えたいのなら、他力本願ではなく、自分自身が起点となって未来を変えていく努力をしなければなりません。

自分が発する言葉や取る行動が、周囲の反応を変え、結果的に自分の受ける影響も変わっていく。たとえ住む世界が同じであっても、リアクションが変わることで、自分の感じる影響が変わるので、感覚的にはパラレルワールドへ移行するようなものだと私は思います。

幸せは一夜にして訪れるものではありませんが、確実に近づいていくことは可能です。自分が変われば未来も変わると理解し、行動を起こさなければ何も始まりません。行動を起こして初めて他者のリアクションが生まれ、そのリアクションによって自分の周りの世界も確実に変わっていくのです。他者のリアクションがない状態というのは、真っ暗闇の中に自分がいるようなものですから。言葉でも笑顔でも、声かけでも、何でもよいので、まずはアクションを起こしてみましょう。

私たちは一人では生きていけません。他者との関わりのなかでこそ、幸せは深まっていきます。ですから、自分が選ぶ行動や態度が、周囲のリアクションを変え、自分の幸福感を高めるのです。

嫌なことは細分化すれば乗り切れる カナダ時代の支店長がくれたアドバイス

カナダで営業職に就いていたときの経験から得た教訓があります。若い女性ということでさまざまな困難に直面していたとき、当時の支店長に呼ばれたことがありました。彼はイギリス人で、私を雇用してくれた恩人でもあり、ビジネス面でおおいに影響を受けているのですが、彼から「君は若いし、女性だから大変なことがたくさんあると思うけれど、それでもそんな顔しているとモノは売れないよ」と言われたのです。そして彼は、私に対してアドバイスを授けてくれました。

その内容とは、気が重いと感じるときには、何に対して気が重いのかを具体的に書き出すことでした。たとえば、「取引先に行きたくない」「車の調子が悪いので遠くに行きたくない」といった悩みを書き出してみると、それぞれの具体的な解決策が見えてくるというのです。

実際にリスト化していくうちに、私が悩まされていた問題は、自分が考えている以上に小さいものであることに気づくことができました。最初は大きな雨雲が自分の上にあって今にも大雨が降り出しそうだと感じられたものが、実際にはちょっと大変だなと感じる小さな雲が一つだけで、それ以外はたいしたことがなかったという具合です。大きな悩みを小分けにして、小さな悩みの塊に分類していくことで一気に気持ちが楽になったのです。この方法を私は今でも実践しています。

現在、スタッフに問題が発生したときにも、このアプローチを実践しています。「何か問題があるの？」と尋ねると、多くの場合は「いや、ちょっと……」と、言葉を濁したり曖昧な返事が返ってきたりします。そのときには、「問題を具体的に書き出してみて」と勧めてやってもらいます。そうすると、問題が一つひとつの小さな要素として明確になり、解決策が見つかるのです。

そのなかで、どうしても解決できない問題だけが残ります。それ以外の問題は、実際にはそれほど大きなものではなく、ただその影が大きく見えていただけだと気づきます。嫌な気持ちというものは増幅しやすく、実際の問題よりもずっと大きく感じられることがあります。これは、影が光の当たり方で大きく見えるのと同じなのではないでしょうか。

嫌なことは、まるで磁石のように次々とくっつきやすいですが、本来は大したことでないことでも、その時々のメンタルでは気が重くなるようなことに見えてしまうことも多いため、そうした気持ちに押しつぶされては損だと思います。問題を冷静に分解し、一つずつに向き合えば、解決策が見えてくることを忘れないようにしましょう。

忙しい日々のなかでは、ほんの小さなことでさえ億劫に感じます。たとえば、電話をかけてキャンセルするような些細なことでも、ほかにたくさんのことを抱えていると、「たくさんやらなきゃいけないことがあるのに、どうしてこんなことをしなくちゃいけないの」と思ってしまいます。しかし、これも一つの「問題の大きさ」の感覚です。実際には、小さなことでも一つひとつ解決していけば、確実にストレスが軽減されるのです。

「幸せ」を周囲の人たちに配っていこう それがやがて自分の幸せを増幅させてくれる

本書の最後に皆さんにお伝えしたいことは、「幸せになりたいのならば、幸せを配りましょう」ということです。

私たちが幸せを感じるためには、まず「幸せを回す」という意識を持つことが大切なのです。それはお金も同じです。お金も幸せもどちらもエネルギーですから、貯めておきたいと思ってまったく動かさないと、結局増えることもないのです。そういう人は、お金を貯めておくことが幸せにつながると思っているかもしれませんが、エネルギーを有するあらゆるものは、循環させることで得られるものです。

幸せを感じたければ、自分から積極的に幸せを周囲に配ることが重要です。配るといってもそんなハードルの高いものではありません。人を褒めたり感謝の言葉を伝える、ありがとうと必ず言うなど、コストをかけずに簡単にできるもので大丈夫です。その人が気持ちよくなってもらえる言葉をかけるといった行動が、回りに回って自分自身にも幸せをもたらしてくれます。

感謝の気持ちを表すことは、私たちの日常生活においてとても重要です。私は、会社のスタッフに感謝の言葉をかけることや、レストランやカフェなどで店員の方に

「ありがとう」と言うことを必ずやっているのですが、相手に喜びを与えるだけでなく、自分自身にもポジティブな影響を与えてくれます。このような小さな感謝が、幸せの連鎖を生み出します。

私たちが生活するなかで、些細な出来事にも目を向けると、より大きな幸せを感じることができます。たとえば、満員電車で妊婦さんに席を譲ったり、駅で困っている人を見たら助けたりすることで、ほんの少しの行動が、相手にも自分にも幸せをもたらします。以前、満員状態の山手線に乗っていたときのこと、押されて入ってきた妊婦さんがいて、ちょうど私の目の前だったから席を譲ったことがありました。たまたま同じ駅で降車したのですが、そのときにわざわざ私のところにこられて「譲っていただいてありがとうございました」とお礼を言われたことがあります。これらの行動は、小さくても、自分の心をも豊かにし、幸せを引き寄せる力をもっていると思います。

幸せを増幅させるためには、まず自分自身の心が幸せを認識することが必要です。自分の生活のなかで幸せが認識できたら、それは心の準備ができているということになります。そうすると、日常のなかで幸せを見つけることができて、それがさらなる幸せへとつながるのです。そして「よかった探し」と同じで、自分ができることのなかで相手が幸せになれることをやっていく。幸せを意識し、自分の周囲にも幸せを配っていくことで、自分自身もさらに強く幸せを感じられるようになるでしょう。

Ｐ１９０でも少し紹介しましたが「パラレルワールド」というのは、「この現実とは別にいくつもの現実が存在する」という考え方ですが、こういう風に見え方を変えてみることも、幸せに関する視点を広げるためには役立ちます。たとえば、私にとって２０２４年は「陥入《かんにゅう》」の年です。陥入とは、九星気学において運勢の冬を意味する言葉になります。九星気学では運勢のバイオリズムは9年周期ですが、9年のなかで一番低い年にあたります。必ず「貧」「病」「争」のうちのどれか一つの穴に落ちると言われています。ただし、言葉というものは良い意味でも悪い意味でも解釈できます。

解釈の仕方によってはうんと悪く取れてしまうし、また別の解釈によってはよくも取れる。これをどのようにとらえるかによって、今後の過ごし方が変わっていくかもしれません。

陥入の年はまだ終わっていませんが、それをこれからの9年間をよりよく過ごすための計画に費やす1年ととらえることで、ポジティブに反転します。逆に、何か「貧」「病」「争」のトラブルが起こるだろうと、おどおどして日々出ないお化けを怖がっていたら、階層が下のパラレルワールドへ入ってしまうかもしれません。

最終的には、自分がどのように物事をとらえ、どのように行動するかが、未来の幸せを決める要素となります。幸せを周囲に配り、ポジティブな視点をもち続けることで、自分自身の幸せもより強く感じることができるはずです。

Chapter 7

Well-being

ウェルビーイングが今注目される理由

長い歴史を有する
ウェルビーイングという言葉

皆さんは「ウェルビーイング（well-being）」という言葉に対してどのように感じていらっしゃいますか？

遡ると、ウェルビーイングの語源は16世紀のイタリア語の「benessere（ベネッセレ）」。この言葉は、ラテン語の「bene（よく）」と「esse（生きる）」を組み合わせたもので、「よく生きる」状態を意味します。

もしかしたら、〝最近になってウェルビーイングという言葉をよく目にするようになってきたかも〟という方もいらっしゃるかもしれません。実はそれは、「ＳＤＧｓ（持続可能な開発目標）」に端を発しています。

人類がこの地球で暮らし続けていくために２０３０年までに達成すべき目標を定めたＳＤＧｓは、全部で17のゴールが設定されていますが、その３つ目が「すべての人に健康と福祉を（Good Health and Well-Being）」という目標で、ここでウェルビーイングという言葉が取り上げられているからです。

そして、これから先の時代は、ウェルビーイングが私たちにとってさらに重要な意味合いをもつものとなってきます。

例を挙げると、国連１００周年となる２０４５年に向け、世界が直面する重大課題に対する協力の強化と、〝ネクストＳＤＧｓ〟となるグローバル・アジェンダを議論する「国連未来サミット」が２０２４年9月に開催されました。ここでは、サステナビリティ、ダイバーシティ（多様性）、エクイティ（公平性）、インクルージョン（受容）と並んで、ウェルビーイングが中心的な議題となったのです。
ＳＤＧｓが掲げたゴールは２０３０年までですから、期日まであと5年以上を残しているものの、その次の目標として人々のウェルビーイングを重視した新たな国際目標を設定する動きになっています。それが、ＳＤＧｓを発展させた「SWGs（Sustainable Well-being Goals）」です。これは「みんなで持続可能なウェルビーイングの状態を目指す」という目標になります。

このように、ＳＤＧｓの認知が進むことでウェルビーイングが世の中に浸透していったわけですが、実は１９４６年7月22日にニューヨークで61ヶ国の代表によって署名され、１９４８年4月7日より効力が発生した「世界保健機関（ＷＨＯ）憲章」の中ですでにウェルビーイングについて言及されています。ウェルビーイングは近年になって生まれた言葉ではないのです。このことは意外と知られていません。

世界保健機関憲章前文では次のように記されています。

「Health is a state of complete physical, mental and social well-being and not merely the absence of disease or infirmity.

健康とは、自分自身が現在病気ではないとか、弱っていないということではなく、肉体的にも、精神的にも、そして社会的にも、すべてが満たされたよい状態にあることをいいます。」

この宣言によって、「ウェルビーイングという概念は人間にとって大切なものである」という認識が一気に世界に広がっていったわけですが、そこから80年近くの時が流れた今、言葉としてだけでなく実体験を伴ったものとして多くの人が感じているのではないでしょうか？　その実感は、２０２０年からはじまったコロナ禍を通じて共有されていったものであると言っても過言ではありません。

それでは、なぜＷＨＯは「ウェルビーイング」という言葉を使ったのでしょうか？

世界保健機関憲章が署名される約1年前、第二次世界大戦が終戦を迎えました。平和な日々が戻ってきた、食べるものを節約することもしなくてよくなった、働く場所がまたできた。本来であれば、世界中の人々にとって戦争の終結は胸を撫でおろすことであるはずですが、それだけではありませんでした。旦那さんやお子さんを戦争で亡くされたという方は、心にぽっかりと穴が開いたような喪失感に支配されていたのです。それは世界中で起こっていた現象でした。なにしろ、当時の世界の人口の2.5%以上となる5千万人を上回る数の総死者数だったわけですから。

そして喪失感に苛まされた人たちは、「その感情を抱えていると人間は本当の意味での幸せにはなれないのだ」ということに本能的に気がついたのです。身体が健全であることはとても重要ですが、同時に心も同じように健全でないと本当の幸せを手にすることはできないということに行きつきます。そこで選ばれた言葉が、1946年当時はまだほとんど使われてはいなかったウェルビーイングだったのです。

ウェルビーイングを向上させる二つの要素について

実は長い歴史を有したウェルビーイングですが、現在ではこの言葉に関して取り上げられる要素が2種類存在しています。いずれも5項目から構成されていて、一つは心理学的な側面から考案された「PERMA」、そしてもう一つはビジネス的な側面で米国のギャラップ社が定義したものです。

「PERMA」とは、ポジティブ心理学の創設者の一人である心理学者のマーティン・セリグマン氏が提唱したものです。PERMAとは〝幸福を構成する5つの要素〟

の頭文字を取って命名されました。

P：Positive emotion（ポジティブな感情）
E：Engagement（没頭する）
R：Relationship（人間関係）
M：Meaning（生きる意味）
A：Accomplishment（成果）

Positive emotionとは前向きになる感情を誘発させることであり、Engagementとは何か没頭できることが存在する状態を指しています。それは私生活における趣味であっても仕事であってもどちらでも構いません。そして、Relationshipは良好な人間関係を構築すること。Meaningは自分自身が生きる目的がはっきりと見えていたり、生きがいを感じている状態のことです。最後のAccomplishmentは、自らの力で何かを成し遂げたことで得られる達成感のこと。この5つの項目が満たされると、ウェルビーイングはおのずと向上していくといわれています。

ＰＥＲＭＡ以外のもう一つの要素として、アメリカの分析およびアドバイザリー会社として有名なギャラップ社が定義しているものがあります。同社は、具体的なウェルビーイングを構成するポイントとして次の５つを挙げています。

1　キャリアウェルビーイング／Career Well-being
（自分が一番長い時間を費やす仕事、家事、趣味等）

2　ソーシャルウエルビーング／Social Well-being
（人間関係における幸福度）

3　ファイナンシャルウエルビーング／Financial Well-being
（経済的な幸せ）

4　フィジカルウエルビーング／Physical Well-being
（身体的・精神的なポジティブさ）

5　コミュニティーウエルビーング／Community Well-being
（身近な人々との関係性、企業でのコミュニティ形成など）

ＰＥＲＭＡはやはりそのベースに心理学がありますが、ギャラップ社が提唱するものは、そこに「経済」という要素が組み込まれているのが大きな特徴です（それ以外はＰＥＲＭＡと共通する部分も多いです）。もちろん、経済的な充足感の度合いは人それぞれ異なります。この項目は、人よりもお金を稼ぐということが重視されているわけではないということは頭に入れておいていただきたいですね。

コロナ禍でクローズアップされたウェルビーイングの問題

その一方で、2020年からはじまった新型コロナウイルスのパンデミックは、かつての戦争と同じようなインパクトを世界各国にもたらしました。それは現在進行形のものですし、今後も新たなパンデミックが起こることが予想されていますが、肉体的・精神的・社会的に満たされない状態に悩まされている人が後を絶ちません。様々な後遺症に苦しむ方も増え続けています。

だからこそ、各国で改めてウェルビーイングという言葉にスポットが当たるようになりました。この言葉は海外では90年代後半からじわじわと取り上げられるようになっていたのですが、長く忘れられていたワードの代表格だったのです。世界で復興が進み、経済中心の社会に移り変わったことで、WHO憲章前文で記されたメッセージも次第に薄らいでいきました。しかし、時代が移り変わり、新自由主義の時代が到来したことで、若者を中心に世界的にメンタルヘルスの問題が取り沙汰されるようになり、再び注目され始めました。そして、コロナ禍が決定打となり、改めてウェルビーイングを大切にする機運が高まったのです。

パンデミック初期の話をご紹介しましょう。デンマークやフィンランド、スウェーデンでは、これまでも個人主義の傾向が強くあり、一人ひとりが独立した生活をおくることに重きが置かれていました。それが、新型コロナウイルスが蔓延していくなかでロックダウンの政策がとられたことで、人と会うことができなくなったのです。それによって多くの人が疎外感や寂寥感に苛まれ、「どうやって生きていけばいいんだ」という悩みを真剣に考えるくらいに人寂しくなったということは、友人や取引先の人たちみんなから聞きました。まさに、「Relationship（人間関係）」や「コミュニティーウエルビーング」が満たされない状態が長く続いたのです。

そして、ロックダウンによる外出禁止が解除されたあとも、「〇人以上がひとつの部屋の中ににいてはいけない」「〇人以上で集まってはいけない」という規制が長らく続きました。そうすると、スポーツをすることはもちろん、気の置けない同士で集まってホームパーティーもできなければ、公の場所に自由に行き来できなくなってしまいました。それによって前述の通り、疎外感を抱いたり孤独を感じたりする人が増え、ついには自殺者も増加し、社会問題となったのです。

北欧のなかではスウェーデンだけが他国とは異なる独自政策を行いました。それは「国境の閉鎖もロックダウン（都市封鎖）も行わず、ソーシャルディスタンス（社会的距離）の確保も厳格にはしない」というものでした。この新型コロナ対策を立案したのは、スウェーデン公衆衛生局の疫学者であるアンデシュ・テグネル氏です。「高齢者向けの買い物を手伝う際は、商品を玄関先に置き、直接の接触を避けること」をルール化するなど、感染リスクの高い高齢者への対応はしっかりとやりながら、一般の人々は在宅勤務で仕事を行い、16歳未満の子供たちは学校に通えるようにしていたのです。もちろん、レストランやバーを含む多くの店舗が営業を続けました。

すべては自然免疫を獲得するためにこのような方針に舵を切ったのですが、世界からは非難を浴びてしまいます。実際、他の北欧諸国と比較すると、パンデミックがはじまった当時、人口100万人当たりの新型コロナウイルスによる死亡者数は、スウェーデンでは１３１人でしたが、ロックダウンを実施したデンマークでは55人、フィンランドでは14人でした。そして、２０２０年12月、スウェーデンのカール16世グスタフ国王は、新型コロナウイルス対策として同国が緩やかな政策を取ったことは「失敗だった」と述べたのです。当時のステファン・ロベーン首相も国王の発言に同意し、「これほど多くの死者が出たという事実は失敗以外の何物でもない」と述べるに至りました。

「世界幸福度ランキング」で比較する日本と北欧の現実

ウェルビーイングと共に語られることが多い「世界幸福度ランキング」についても

ご紹介したいと思います。

私は仕事柄、北欧の人たちの暮らしをずっと間近で見てきました。そこから得たものを『世界一幸せな国、北欧デンマークのシンプルで豊かな暮らし』と『fika 世界一幸せな北欧の休み方・働き方』という2冊の書籍で紹介していますし、それらをテーマにした講演会も各地で行ってきました。

北欧と日本についての比較をテーマにした原稿の寄稿もしばしばオファーをいただきます。たとえば、毎年3月20日の国際幸福デーに合わせて発表される「世界幸福度ランキング」では、北欧諸国は上位にランクされるのに日本は50位台（2024年度は51位）と低い理由はなぜなのかといった分析はその最たるものです。


そういったオファーで北欧と日本の関係に向き合っていくうちに、その差異をどのようにすれば埋めていけるのかを突き詰めるようになりました。世界幸福度ランキングには次ページで紹介している6つの評価項目がありますが、あくまでも個人の主観的な生活評価に基づいたランキングのため、国民性や気質の部分においてどうしても差が出てくることもあります。

〈世界幸福度ランキング　評価項目〉

・一人当たり国内総生産（GDP）
・社会的支援（社会保障制度など）
・健康寿命
・人生選択の自由度
・他人への寛容さ（寄付活動など）
・腐敗認識度（国・政治への信頼）

これらの項目のなかで北欧と日本との差異で顕著なものとして挙げられるのは、「社会的支援」や「人生選択の自由度」になります。たとえば、フィンランドでは異なる専門職に就きたいとなった場合、会社を辞めて大学に入り直し、そのあと就職することは思いのほか簡単にできます。それだけリスキリングが浸透・普及しているだけでなく、それを支える社会保障制度も手厚いのです。それが日本の場合だと、退職して再教育を受けている間、家族がいれば養っていけないということになるでしょう。失業保険だって自己都合退職になり、そうなると支給まで2ヶ月がかかります。そういった様々なことがネックになり、なかなか転職へと踏み切れない現状があります。

他にも幸福度ランキング上位国との差をみてみると、「他人への寛容さ（寄付活動など）」という項目が日本は非常に低いことがわかります。この項目は〝1ヶ月以内に寄付をしたか〟等が設問になっているのですが、他国と比較しても日常的に寄付という文化が浸透していない日本ではポイントが上がらず、2024年度も「129ヶ国中122位」で、最低クラスの結果となっています。

寄付という観点から世界に目を向けてみると、たとえばオランダはその意識がとても高く、富裕層に限らず寄付の意識が根付いています。オランダ人は、普段から無駄なものを省くことで質素な生活をおくりながら、そのぶん寄付にお金を回しています。

主な寄付先は、ガン撲滅基金（ＫＷＦ）が最大で、赤十字、国境なき医師団と続いています（２０１６年度のデータ）。これは「困っている人たちのために役立ててもらうことは、社会の一員として当たり前」という共通意識からくるものです。

一般市民レベルで寄付文化が根付いておらず、社会とのかかわりも少ない日本人の場合は、どうしてもこの項目で上位にランクインすることは難しいわけです。日本が世界幸福度ランキングでなかなかランクアップできない理由は、こういった国民性によるところもあるのです。

あとがき

「ウェルビーイング」を味方につけて生きづらい時代を乗り越えていく

今の日本は、本当に「生きづらい時代」に突入していると強く感じます。

もちろん、技術の進化や情報の豊かさによって便利さを手に入れることができて楽になった半面、精神的な負担や不安が増していることも感じられます。昔と比べて余裕が生まれたとはまったくもって言えない状況の中で、どのようにして真の幸福を見出していくべきか。そういう社会のなかで生きていくこと、幸せでありたいと願い追い求めていくことは、かなり大変であり、途方もない道のりのように感じるかもしれません。

本書は、私自身の経験や北欧のライフスタイルを通して、どのような考え方や姿勢でいることが私たちの幸福に寄与するかを提案する一冊となったと思います。特に、本書のタイトルにもなっている「ウェルビーイング」は、そんな時代を生きていかなくてはいけない日本人にとって重要なヒントを与えてくれるものです。ウェルビーイングは、単なる一過性のトレンドではなく、心の安定をもたらし、人生におけるストレスを軽減するための実践的な拠り所となるということ。それこそが本書を通してお伝えしたかったテーマです。

厳しい時代でも、自分自身を大切にし、幸福を追求する力が私たちには備わっています。その渦中において心身共に良好な状態を維持するためには、日々の小さな努力が不可欠となります。

例えば、感謝の気持ちを表現したり、自分自身に優しく接したり、小さな喜びを見つけることなどが、その第一歩となります。こうしたささやかなことの実践を通じて、私たちはストレスや不安に対処する力を身につけることができます。本書では、ストレス管理やセルフケアの具体的な方法もご紹介しました。これらは困難をしなやかに乗り越えて回復する力である「レジリエンス」を高めることにもつながると考えます。

私自身も、時代の変化を肌で感じています。バブル崩壊の時期に起業した私にとって、成功は遠い存在でした。多くの人々がバブルの恩恵を受ける中、私はその実感を得られず、大変な状況が当たり前となっていました。しかし、その経験が私の心の支えとなり、逆に今の時代を生きるための力になっていると感じています。

現在の社会では、終身雇用が崩壊に向かい、安定した職業もほとんど存在しない厳しい状況が続いています。さらにこの先、国家資格を持っていても「ＡＩにとって代われる」ということがでてくるかもしれません。特に多くの若者たちは、生きづらさに加えて大きな不安を抱えています。このような極めて厳しい状況だからこそ、ウェルビーイングを生き方の軸に据えていく必要があると私は考えています。

ウェルビーイングを実践することは決して難しいことではありません。意識すれば、日常生活の中で少しずつ実践することが可能です。ウェルビーイングを自分の味方にすることで、厳しい環境でも心の強さを保てると信じています。

気候変動にともなう自然災害の頻発や世界の情勢不安が高まる中で、私たちは生き延びていく方法を見つける必要があります。未来の見通しは不透明ですが、私たちにできることは意外に多いとも感じています。もちろん努力は必要。ですが、まずは小さな一歩を踏み出すことで、心の中に本当の意味でのウェルビーイングを築くことができるのです。

本書が、皆さんにとってその一助になれば幸いです。

時代がどのように変わろうとも、幸せを感じる力は自分の中にあります。少しでも自分を大切にし、自分の幸せを見つける努力をしてほしいと思っています。そうすれば、誰でも幸せになれるということを本書の締めくくりとして皆さんにお伝えしたいですね。

本書の内容を日常生活の中で少しずつ取り入れ、ウェルビーイングを意識し、ウェルビーイングを味方につけてください。そして恐れずに自分を信じ、前に進んでいきましょう。

皆さんの心に少しでも響くものがあってほしい、これからの未来においても本書を読んでくださった皆さんが心豊かに過ごしてほしい。そんな願いを込めて、この本のカバーと帯は特別に生体エネルギー技術（存在するすべてが持っているエネルギーを上げるという技術）を導入した工場で印刷していただいています（印刷と製本を担当してくださった印刷会社とは別の会社で特別に刷っています）。その結果、世界でも類を見ない書籍が完成しました。何度も繰り返し読んでいただくのはもちろん、ぜひお守りのようにこの本を持ち歩いてもらえると嬉しいです。読者の皆さん一人ひとりの魂の喜びを実感してください。

２０２４年11月10日

芳子ビューエル

芳子ビューエル

株式会社アルトスター・株式会社アイデン代表取締役
株式会社アペックス創業者
ウェルビーイングアドバイザー
北欧流ワークライフデザイナー

1998年にJERTOから派遣されて以来北欧とゆかりが深く、デンマークのライフスタイル「ヒュッゲ」をいち早く日本に紹介。テレビや雑誌でも、ヒュッゲの第一人者として日本での取り入れ方を紹介しているほか、世界幸福度ランキングにまつわる「幸せ」についての各種講演なども行う。その後コロナ禍を経て、北欧をモデルにして日本での幸せについて考えることはもちろん必要だが、それだけではなく、各個人の心の健康や心理的な満足、そして社会的に良好な状態にあることが重要だと考えるようになり、「ウェルビーイング」の概念に共感。「ウェルビーイングアドバイザー」としての活動も開始した。著書に、『世界一幸せな国、北欧デンマークのシンプルで豊かな暮らし』(大和書房)、『fika(フィーカ)　世界一幸せな北欧の休み方・働き方』(小社刊)、『経営者のゴール〜M＆Aで会社を売却すること、その後の人生のこと〜』(あさ出版)など多数。

URL yoshiko-buell.com

仕事も家庭も、素敵な「休息」が
あなたの人生を変える！

「fika（フィーカ）
世界一幸せな北欧の休み方・働き方」

著者　芳子ビューエル
定価　1,600円+税
判型　四六判
ISBN　978-4-906913-84-8

働き方を見つめ直す時代に大切なこと、それは「休み方」を考えるということ！『世界一幸せな国、北欧デンマークのシンプルで豊かな暮らし』において、いち早く「ヒュッゲ」を日本に紹介した芳子ビューエルが“北欧流のゆったり過ごすライフスタイル”を提唱する一冊。北欧スウェーデンにある「fika（フィーカ）」という休息の習慣を通して、毎日が忙しく過ぎていく全ての日本人に授ける「休み方改革」とは。

北欧流
幸せになるためのウェルビーイング

初版発行　2024年11月28日

著者　芳子ビューエル

カバー・扉写真　かくたみほ
写真　五味茂雄（P20〜29、プロフィール）
アートディレクション&デザイン　松竹暢子
編集　大崎暢平（キラジェンヌ株式会社）
編集協力　西嶋治美
協力　芦澤雅子（株式会社プレリア）

発行人　吉良さおり
発行所　キラジェンヌ株式会社
東京都渋谷区笹塚3-19-2青田ビル2F
TEL：03-5371-0041　FAX：03-5371-0051

印刷・製本　モリモト印刷株式会社

ISBN978-4-910982-06-9